世界哲學家叢書

費奧多洛夫

徐鳳林 著

1998

東大圖書公司印行

國家圖書館出版品預行編目資料

費奧多洛夫／徐鳳林著．--初版．--臺
北市：東大，民87
面：公分．--(世界哲學家叢書)
參考書目：面
含索引
ISBN 957-19-2211-0 (精裝)
ISBN 957-19-2212-9 (平裝)

1. 費奧多洛夫 (Fedorov, Nikolai
Fedorovich, 1828-1903)

149.44   87003395

網際網路位址　http://sanmin.com.tw

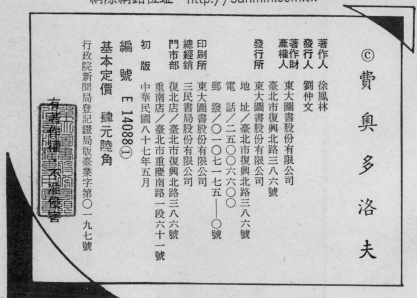

ⓒ 費奧多洛夫

著作人　徐鳳林
發行人　劉仲文
產著作財權人　東大圖書股份有限公司
　　　　臺北市復興北路三八六號
發行所　東大圖書股份有限公司
地　址／臺北市復興北路三八六號
電　話／二五○○六六○○
郵　撥／○一○七一七五──○號
印刷所　東大圖書股份有限公司
總經銷　三民書局股份有限公司
門市部　復北店／臺北市復興北路三八六號
　　　　重南店／臺北市重慶南路一段六十一號
初　版　中華民國八十七年五月
編　號　E 14088①
基本定價　肆元陸角
行政院新聞局登記證局版臺業字第○一九七號

ISBN 957-19-2211-0 (精裝)

「世界哲學家叢書」總序

　　本叢書的出版計畫原先出於三民書局董事長劉振強先生多年來的構想，曾先向政通提出，並希望我們兩人共同負責主編工作。一九八四年二月底，偉勳應邀訪問香港中文大學哲學系，三月中旬順道來臺，即與政通拜訪劉先生，在三民書局二樓辦公室商談有關叢書出版的初步計畫。我們十分贊同劉先生的構想，認為此套叢書（預計百冊以上）如能順利完成，當是學術文化出版事業的一大創舉與突破，也就當場答應劉先生的誠懇邀請，共同擔任叢書主編。兩人私下也為叢書的計畫討論多次，擬定了「撰稿細則」，以求各書可循的統一規格，尤其在內容上特別要求各書必須包括（1）原哲學思想家的生平；（2）時代背景與社會環境；（3）思想傳承與改造；（4）思想特徵及其獨創性；（5）歷史地位；（6）對後世的影響（包括歷代對他的評價），以及（7）思想的現代意義。

　　作為叢書主編，我們都了解到，以目前極有限的財源、人力與時間，要去完成多達三、四百冊的大規模而齊全的叢書，根本是不可能的事。光就人力一點來說，少數教授學者由於個人的某些困難（如筆債太多之類），不克參加；因此我們曾對較有餘力的簽約作者，暗示過繼續邀請他們多撰一兩本書的可能性。遺憾的是，此刻在政治上整個中國仍然處於「一分為二」的艱苦狀態，加上馬列教

條的種種限制，我們不可能邀請大陸學者參與撰寫工作。不過到目前為止，我們已經獲得八十位以上海內外的學者精英全力支持，包括臺灣、香港、新加坡、澳洲、美國、西德與加拿大七個地區；難得的是，更包括了日本與大韓民國好多位名流學者加入叢書作者的陣容，增加不少叢書的國際光彩。韓國的國際退溪學會也在定期月刊《退溪學界消息》鄭重推薦叢書兩次，我們藉此機會表示謝意。

原則上，本叢書應該包括古今中外所有著名的哲學思想家，但是除了財源問題之外也有人才不足的實際困難。就西方哲學來說，一大半作者的專長與興趣都集中在現代哲學部門，反映著我們在近代哲學的專門人才不太充足。再就東方哲學而言，印度哲學部門很難找到適當的專家與作者；至於貫穿整個亞洲思想文化的佛教部門，在中、韓兩國的佛教思想家方面雖有十位左右的作者參加，日本佛教與印度佛教方面卻仍近乎空白。人才與作者最多的是在儒家思想家這個部門，包括中、韓、日三國的儒學發展在內，最能令人滿意。總之，我們尋找叢書作者所遭遇到的這些困難，對於我們有一學術研究的重要啟示（或不如說是警號）：我們在印度思想、日本佛教以及西方哲學方面至今仍無高度的研究成果，我們必須早日設法彌補這些方面的人才缺失，以便提高我們的學術水平。相比之下，鄰邦日本一百多年來已造就了東西方哲學幾乎每一部門的專家學者，足資借鏡，有待我們迎頭趕上。

以儒、道、佛三家為主的中國哲學，可以說是傳統中國思想與文化的本有根基，有待我們經過一番批判的繼承與創造的發展，重新提高它在世界哲學應有的地位。為了解決此一時代課題，我們實有必要重新比較中國哲學與（包括西方與日、韓、印等東方國家在內的）外國哲學的優劣長短，從中設法開闢一條合乎未來中國所需

求的哲學理路。我們衷心盼望，本叢書將有助於讀者對此時代課題
的深切關注與反思，且有助於中外哲學之間更進一步的交流與會通。

　　最後，我們應該強調，中國目前雖仍處於「一分為二」的政治
局面，但是海峽兩岸的每一知識分子都應具有「文化中國」的共識
共認，為了祖國傳統思想與文化的繼往開來承擔一分責任，這也是
我們主編「世界哲學家叢書」的一大旨趣。

傅偉勳　韋政通

一九八六年五月四日

自 序

俄詩人丘特切夫有詩云：

俄羅斯不能以智慧理解，
不可用普通的尺度衡量，
她有特殊的品格，
對俄羅斯只能信仰。

俄羅斯之魂總是「深為上帝所苦」。此內心之苦，就根源於「天」
與「地」、神與人、聖與俗之間的兩極張力。

在俄羅斯心靈的最深處，總是潛藏著對完美的上帝之苦念，對
「末世」與「天國」的期盼。這使得它不能安然於沒有上帝的「此
世」，不能完全領受西方文藝復興和啟蒙時代的精神而去歡心地營
造世俗文明。

但俄羅斯精神又不能滿足於猶太人的上帝之威嚴和柏拉圖式的
理念之抽象，宛如俄式教堂之圓頂不同於哥特式天主堂的直沖雲天。
俄羅斯靈魂更離不開「大地」，正如俄羅斯正教之崇拜聖母一樣。
這種宗教彷彿更富於「人性」，更多有「俗世」之糾葛，更少有「超

越」之空靈。

在這「天」、「地」兩極之間，俄羅斯知識分子總是難以求得「安身立命」之所。因此，對他們來說，哲學、文學、藝術等諸類文化形式，都不可能是自足的終極價值，而是成為抵抗「世界之惡」、表達上帝「智慧」(sophia)、走向神聖王國的道路和手段。於是，思想家、藝術家便不能「超然物外」地完全獻身於文化形式本身，而總要擔承著道德與社會責任之重負。

這些負重的俄羅斯之心在「天國」與「世界」之間的艱難前行和上下求索，也正是俄羅斯精神文化的魅力之所在。

也許，讀者在本書所述的這位俄羅斯「哲學－幻想家」費奧多洛夫之獨特的生活與學說中，有如在陀斯妥耶夫斯基、托爾斯泰和索洛維約夫的作品中一樣，能夠得到這種俄羅斯之心的某些注解。

徐鳳林

一九九八年二月十二日

於育新花園

費奧多洛夫

目　次

第一章 導言：品德與思想的魅力

> 一位非凡的奇世之人不在了。對稍稍了解尼古拉‧費奧多洛
> 維奇‧費奧多洛夫的人講他的高度智慧和廣博學識、他的勤
> 懇誠摯和道德純潔，是多此一舉的：他們無需提醒就會異口
> 同聲地說：「這是一位賢哲和義人！」而更接近他的人則會補
> 充道：「這是世界賴以維繫的為數不多的義人之一」。❶

——這是俄國哲學家科熱夫尼科夫 (B. Кожевников, V. Kojevnikov, 1852–1917)《尼‧費‧費奧多洛夫》(*Николай Федорович Федоров* Ч. 1, М. 1908)一書的開篇辭。

費奧多洛夫生前並不是名聲顯赫的哲學家。他幾十年間一直是莫斯科魯緬采夫博物館（Румянцевский музей，即後來的列寧圖書館）的圖書管理員。他的「共同事業」學說只為少數友人所略知：他生前沒有發表任何著作,因為他拒絕將自己的著作變成商品出賣。他沒有什麼個人財產，甚至把自己的微薄工資也分給他人，自己常年一身裝束，甚至沒有床，睡在箱子上。他身後之所以深得推崇，其緣由之一就是他的品德與個性：滿腹經綸，胸懷宏偉，又淡泊名

---

❶ *Бердяев о русской философии.* Ч. 2, Свердловск, 1991, c. 51.

利，清心寡欲。這不由使人想起中國古代聖人孔老夫子對其弟子的
贊語：「賢哉，回也！一簞食，一瓢飲，在陋巷，人不堪其憂，回
也不改其樂」。只是費奧多洛夫比顏回又多了一種基督徒的虔信與博
愛。這是一種「內聖」的精神境界。這在世俗功名利祿之統治日益
強烈的現代社會，包括十九世紀和二十世紀的俄國，可謂實為罕見，
因其罕見，便更為可貴。儘管俄羅斯社會和個人中有許多醜惡與卑
劣，但純真與謙遜也是俄羅斯精神的理想品格。所以作家托爾斯泰
(Л. Н. Толстой, L. N. Tolstoy, 1828–1910) 努力在庸俗虛偽的社會
背後揭示出真實高尚的內心世界；所以詩人帕斯捷爾納克 (Б. Пас-
тернак, B. Pasternak, 1890–1960)才有如此詩句：

> 做個名人有何體面，
> 這並不把你擡高。
> 莫去營造自己的檔案，
> 休要將自己的作品視為珍寶。

當然，費奧多洛夫的非凡之處更在於他的改造宇宙和復活先輩
的宏偉思想。正是這種「共同事業」的哲學深得一些傑出人物的贊
賞。索洛維約夫(Вл. Соловьев, V. Soloviev, 1853–1900)在致費奧
多洛夫的信中寫道：

> 我貪婪地、充滿精神享受地讀完了您的手稿，花了一個通宵
> 和次日部分上午，而接下來的兩天，禮拜六和禮拜天，我對
> 讀過的東西作了許多思索。您的「方案」我完全贊成，無任
> 何意見……自基督教出現以來，您的「方案」是人類精神在

基督之路上的第一次前進。我從自己方面認您是我的導師和
精神之父。

托爾斯泰關於費奧多洛夫說：

我為能夠與像他這樣的人生活在同一時代而自豪。

陀斯妥耶夫斯基(Ф. Достоевский, F. Dostoevsky, 1821–
1881)也高度評價他的思想：

他（費奧多洛夫）引起了我的極大興趣……我在本質上完全
同意這些思想。我認為這彷彿是我自己的思想。❷

在二十世紀初的俄羅斯宗教哲學復興運動中，費奧多洛夫的思
想得到更多人的關注。隨著他的著作被整理出版，評述文章大量發
表，出現了一批「共同事業」學說的追隨者。此後至今，在俄羅斯
（包括前蘇聯）和國外，這一學說在哲學、科學和文學界都有某些
反響。

是什麼引起了俄羅斯大思想家們的共同讚賞和後人的關注呢？

是道德之心、救世理想和宇宙方案。

費奧多洛夫學說的基本宗教道德動機是對死的不容忍。當世間
哲人們視「人必有一死」為天經地義而對死安之若命之時，費奧多
洛夫卻為人之不能避免死亡而深感不安。因為死亡意味著永遠的喪
失，死亡使生命完全失去意義。所以完善的道德、完滿的生命不能

---

❷ Там же, с. 52.

容忍死亡；完美的生活是所有人（不僅包括現有的全人類，還包括逝去的先輩）的和諧大家庭，因此不能容忍任何人的死亡，還要使先輩們復活。這樣，在他看來，死是世上最大的惡，他把反抗死作為自己的生命事業，並制定了普遍復活的方案，欲使之成為全人類的「共同事業」。

帶著深深的東正教精神，費奧多洛夫認定，人不是孤立的個體，追求個人的生活舒適與物質享樂是無道德的、無上帝的，這樣的人是「浪子」；有道德、有上帝的人首先是父之子，因為我們的生命是以先輩們的奮鬥和死為代價的，只有永遠不忘這一點，才堪稱「人子」。「人子」首先應當愛父，加入使他們復活的大業。只有愛父，才能愛共同的祖先，即天父。只有對共同的父的愛，才有全人類之間的兄弟之愛，即博愛。

這是一種典型的俄羅斯宗教普世主義。基督宗教在俄國的長期獨立發展，使它帶有了某些民族文化特色。西方新教（加爾文教派）的救贖觀是一種「選擇的拯救」：其基礎是將一切人分為兩類，一類應得永生（上帝的選民），另一類當永受地獄之苦（上帝的棄民）。俄羅斯正教則主張所有人都應得到救贖。與此相關，在俄羅斯傳統文化中多有容忍、寬恕成分，注重公正理想，「真理」(Правда)一詞也含有公正之意。這種普世主義是十九世紀俄國大多數知識分子之道德與社會理想的共同之處。

費奧多洛夫的「自然調節」思想成為俄羅斯宇宙論的先聲。這種試圖按照人的理想來改造世界和走向宇宙的大膽「方案」包含著某些現實方面，現代宇航和空間技術已局部地實現了這一設想。而且，改造世界和走向宇宙，永遠是人類的夢想和科學的課題，在這方面至今仍不乏各種各樣的假說。當然，「自然調節」方案中有許

多脫離實際的幻想。這是由於科學技術的巨大進步和強大威力給當時人們觀念造成的影響：相信科學知識和人類理性的無限力量。費奧多洛夫設想人們可以借助科學技術來建立一個符合基督教理想的現實世界。也就是要建立一個符合「精神王國」之標準的「凱撒王國」。 這實際上是對兩個世界的混淆，或是建立「人間天堂」的幻想。但此一烏托邦方案何以會有一批追隨者呢？這與二十世紀初的科學觀念和社會背景有關，還有一個原因，就是共同的精神氣質。因為烏托邦性是俄羅斯民族性格之一大特點。簡言之，俄羅斯精神富於宏大的構想而乏於勤懇的務實。因幻想而懶惰的「奧勃洛莫夫性格」就是俄羅斯性格的典型表現之一❸。俄國人從來不拒斥烏托邦，從十六世紀的「莫斯科——第三羅馬」開始至今，卻製造了一個個宗教的、政治的或社會的烏托邦。

　　　　　　　※　　　　　　※

　　費奧多洛夫關於死和不死的學說在俄羅斯文學和哲學史上都有其思想傳統。十八世紀俄國啟蒙思想家、哲學家拉吉舍夫 (А. Н. Радищев, A. N. Ladicev, 1749–1802)在其主要哲學著作《論人，論人的死與不死》(*О человеке, о его смерти и бесмертии* 1790–1792)中就提出了與費奧多洛夫相近的問題：克服死亡和人的無限發展❹。拉吉舍夫思想的基本動因與費奧多洛夫一樣，就是對導致生命的一切都毀滅的死的不容忍。俄國詩人萊蒙托夫 (М. Ю. Лермонтов, M. Y. Lermontov, 1814–1841) 的早期哲理抒情詩也

---

❸　См.: Н. О. Лосский. Характер русского Народа. — *Условия абсо-лютного добра*. М., 1991, с. 269–272.

❹　參閱《十八 — 十九世紀俄國哲學》，北大哲學系編譯，商務印書館，1987，第87–122頁。

表達了對統治著世界的死的浪漫主義反抗。托爾斯泰對死有深切感受，這在他的名著《戰爭與和平》(*Война и мир*, 1866–1869)和《伊凡·伊里奇之死》(*Смерть Ивана Ильча*, 1884–1886)中也有出色描寫。

費奧多洛夫思想的宗教方面深受基督教神學著作的影響，尤其是《新約聖經》和早期基督教神學家一哲學家的作品，主要是奧古斯丁(A. Augustinus, 354–430)；在東正教方面是俄國宗教和政治活動家，聖三一修道院創始人謝爾蓋·拉多涅日斯基 (Сергей Ра-донежский, Sergey Radonejsky，約1321–1391)，費奧多洛夫對他予以高度評價，稱其為「俄羅斯大地的偉大凝聚者」❺。

費奧多洛夫關於「自然調節」的思想是受當時的物理學、氣象學、生理學等科學領域的巨大成就的鼓舞而形成的。卡拉津 (В. Н. Каразин)的科學和實踐活動對費奧多洛夫的影響很大。卡拉津是一位自學成才的貴族科學家，主要研究氣象、化學、土壤及人工肥料，提出了一系列關於觀察氣象和借助電來干預天氣的思想。

從費奧多洛夫去世後出版的兩卷本《共同事業的哲學》(*Фило-софия общего дела*)的內容可以看出，他熟悉萊布尼茨(G. W. Lei-bniz, 1641–1716)、康德(I. Kant, 1724–1804)、費希特(J. G. Fichte, 1762–1814)、黑格爾 (G. W. F. Hegel, 1770–1831)、尼采 (F. Niet-zsche, 1844–1900)、叔本華(A. Schopenhauer, 1788–1806)、席勒(J. C. F. Schiller, 1759–1805)、穆勒 (John Mill, 1806–1873)、斯賓塞(H. Spencer, 1820–1903)、費爾巴哈(L. Feuerbach, 1804–1872)和施蒂納(Max Stirner, 1806–1856)等西方哲學家的著作，這些哲學家在不同方面和不同程度上引起他的關注。但費奧多洛夫是一個極端的

❺ Федоров Н. Ф.: *Философия общего дела*. Том2, М., 1913, с. 65.

斯拉夫主義者。他的某些觀念承自老一代斯拉夫主義者霍米亞科夫
(A. Хомяков, A. Homiakor, 1804–1860)、基列耶夫斯基 (И. К-
иреевский, I. Kireevsky, 1806–1856)，如把宗法制的俄羅斯古風理
想化等觀念。但另一方面，他對西方工業文明和天主教的敵視遠比
這些老斯拉夫主義者更甚。他甚至指責他們包括陀思妥耶夫斯基是
「俄羅斯人不足，而西方人有餘」；他不能諒解霍米亞科夫說歐洲是
「聖奇文物的國度」。他在天主教中看到的只有地獄、毀滅、仇恨，
而在東正教中則看到普遍拯救和對人際紛爭的憂念。

　　　　　※　　　　　　　※

俄國哲學家別爾嘉耶夫(Н. Бердяев, N. Berdyaev, 1874–1948)
1915 年在其論述費奧多洛夫學說的文章〈復活的宗教〉(Религия
воскрешения)中總結道：

> 　無論如何，費奧多洛夫現象對於俄羅斯精神、對於俄羅斯的
> 內在追求與願望來說，具有特殊意義。費奧多洛夫是一位典
> 型的俄羅斯思想家，他勇敢地表達了俄羅斯特有的對人的苦
> 難與死亡的悲切，表達了俄羅斯式的對普遍拯救的尋求。他
> 是一位偉大的博愛者，這愛的目光不僅投向未來，而且投向
> 過去，投向過去之人的痛苦。❻

　　當然，我們看到，「共同事業」學說中有一些消極的和錯誤的
東西，如對個人權利與自由的抹煞、對宗法制的美化、對工業文明
的偏見等等。但這一思想遺產中畢竟包含著許多有意義的成分，至
今仍不失教益。如認識與實踐、知識與道德的相互聯繫，對自然的

---

❻　同❶, с. 94.

合理調節，對生與死之奧秘的探索，對精神道德因素的強調，對世界的普遍和平與友愛的追求，關心未來與尊重過去的不可分割的聯繫，等等。正因為如此，時至今日，在俄羅斯和西方仍有對費奧多洛夫思想的研究。

第二章　青少年時代

第一節　家　世

　　費奧多洛夫自己曾經說過：「人是親緣誕生物，而非直接生成者。他是父母機體的摹寫和仿造，帶著他們的一切優點和缺陷⋯⋯

　　「人的靈魂不是一塊白板，不是一張白紙，也不是一方軟蠟，可以隨意捏塑成任何樣子，而是由兩個形象、兩種生平疊加成的一個樣式。認識方法愈精確，就愈是顯露出遺傳特徵，愈是鮮明地重現父母的形象」。❶

　　他自己的父母是怎樣的人呢？

　　費奧多洛夫本是貴族之後，其父巴維爾・伊萬諾維奇・加加林 (Павел Иванович Гагарин, P. I. Gagarin, 1798-?) 公爵之家族是俄羅斯最榮耀的姓氏之一，其遠祖可以上溯到古代留里克王朝的創始人留里克大公 (Рюрик, Riurik) 和最早使基督教成為俄羅斯國教的聖弗拉基米爾大公 (Святой Владимир, St. Vladimir, ?–1015)。巴維爾之父伊萬・阿列克謝耶維奇・加加林 (Иван Алексеевич Гагарин, I. A. Gagarin, 1771–1832) 是沙皇官府的國務大臣，兩朝

---

❶　Федоров Н. Ф.: *Сочинения*. М., 1982, с. 405–406.

元老（保羅一世和亞歷山大一世）， 官居二品；其他五個弟弟也是朝廷命官或地方鄉紳。巴維爾卻脫離了其父兄們的生活方式，他酷愛藝術、戲劇和音樂，成了一名卓越的戲劇藝術活動家。終於家境敗落，自己也身陷窘境。

關於巴維爾的卒年有兩種說法，一說他與其父死於同年（1832年）， 並說他們死後費奧多洛夫之母與親生子女一起被逐出公爵莊園；另一說法認為巴維爾活到六〇年代初。羅日科夫斯卡雅 (H. H. Рожковская) 所著的《十九至二十世紀初基希涅夫的戲劇生活》(*Театральная жизнь Кишинёва XIX — Начала XX Века, Кишинёв, 1979*)一書中有一章題為「巴維爾・伊萬諾維奇・加加林劇院」， 其中援引許多報刊、回憶錄和檔案資料，證明巴維爾在十九世紀四〇年代中期的活動，譬如1845年11月在敖德薩(Одесса)組建了第一個常設劇院。

巴維爾・伊萬諾維奇絲毫不像一個一本正經的俄國貴族。他極富於演員氣質，多才多藝。他酷愛文學，其大量藏書占據了寬大的工作室的一整面牆，從地板直到頂棚，大部分是法文圖書。他還喜歡精巧的手工製做，房內擺設著許多自製的手工藝品。以演奏音樂來解除煩悶是他生活中不可缺少的內容。在生活最艱難的日子裡，每當夜深人靜，巴維爾・伊萬諾維奇總是獨自一人拿起小提琴，不開燈，在幽暗之中用琴聲將自己的苦悶與煩惱訴諸深沉的夜幕。他的另一子，費奧多洛夫的異母弟弟，俄國戲劇名星亞歷山大・連斯基(Александр Ленский)有這樣一段對父親的回憶：

　　我多愛聽他那憂鬱的即興演奏呵！……樂曲多是俄羅斯民歌主題。夏天，他站在打開的窗口演奏，一雙大眼直視夜空，

琴聲總是在高音符上漸漸停息。這些幽婉的樂曲飄過寬闊的花園，傳入我的臥房，我每每在這些如泣如訴的旋律中進入夢鄉。

我父親為何憂傷，他的琴為何哭泣，我當時無從知曉。每當劇烈的精神激動時刻，父親都把自己反鎖在工作間，長時間倒背雙手來回踱步，還不時彈著手指。

當琴聲響起的時候，就意味著他的痛苦已在胸中發酵成熟，在琴聲中找到了渲泄的出口。琴聲停息了，父親的嘴角露出一絲憂鬱的微笑……❷

可以說，這種抒情式的精神氣質也成為費奧多洛夫性格的遺傳基因。

關於費奧多洛夫的母親，在本世紀八〇年代中期以前，人們尚對其身世乃至姓名都一無所知。曾有人臆測她是一名女奴，或被俘的契爾凱什人 (Черкешенка)，或是從高加索帶回的格魯吉亞美女，等等。但八〇年代末在坦波夫省檔案館發現一份材料，從中得知她原來是貴族小姐，名叫葉莉扎維塔・伊萬諾夫娜(Елизавета Ивановна)，僅此而已。其形象、性格、精神修養均不得而知，但可以想像，費奧多洛夫俊雅的面頰和雙眼來自她母親。

第二節 少　年

費奧多洛夫1829年（一說1828年）6月12日出生於俄國南部坦

---

❷ Ленский А. П.:*Статьи. Писма. Записки.* Изд. 2-е, Дополненное. М., 1950, с. 27.

波夫(Тамбов)省的薩索沃(Сасово)莊園。他的姓和父稱不是取自生父,而是來自教父費奧多爾·卡爾洛維奇·別里亞夫斯基(Федор Карлович Белявский),因為他是父母的私生子。這種起名方式為當時所常見。不能隨父姓,不能享有公爵特權,加之父親方面的親戚對他的鄙視,這些非正常的身分和地位不能不在未來思想家的幼小心靈上留下深深的印跡。他後來堅決迴避一切關於自己過去的任何話題,還曾如此說明形成人的心理創傷的兩個基本要素:「人的本質特徵是兩種感受——死的認知和生的羞恥。」❸

他七歲前是在父親的薩索沃莊園度過的。這時就已形成了他對某些事物的獨特感受。他後來寫道:「我的童年留下了三種回憶:我看到黝黑的麵包,聽說每逢荒年農民都要以此糊口。我從小就聽人給我講何為戰爭,這曾令我大惑不解:戰爭中人們互相殘殺。最後,我得知了什麼是親人和外人,什麼不是,我還知道,親人本身並不是親人,而是外人」❹。這些感受進入到他正在形成的個性深處,於是,飢餓、死亡和非親,這些人類所遭受的基本災難,成為思想家之「共同事業」學說的主要改造對象。

1836年7月,費奧多洛夫進入沙茨克(Шацк)縣立小學。1842年7月畢業時學校記錄在案的評語是:一切行為表現——良好;宗教課、俄語課——完全及格;算術、幾何、歷史、地理、習字、繪畫——良好。

坦波夫中學在費奧多洛夫就讀的1842–1849年間,正值歷史上的輝煌時期,此後便每況愈下了。該校既為大學輸送學生,也為社

---

❸ 同❶, с. 398.

❹ Семенова С.: *Николай Федоров. Творчество жизни.* М., 1990, с. 20.

會培養官吏，但其教學方式主要具有古典性質，此間的校長十分重視語言課教學，學校開設了法語、德語等課程，1838/1839 學年還增設了希臘語課。教師都相當出色。費奧多洛夫在語言方面的豐富學識無疑得益於中學時代的良好功底。

費奧多洛夫對自己中學時代印象最深的是歷史教師蘇瑪洛科夫 (Измаил Иванович Сумароков)。據一篇紀念文章❺的評價，該師熱愛自己的事業，對學生十分仁厚，具有高尚品德和無私精神。這些品質顯然對形成費奧多洛夫的性格和生活方式起了重要作用。因為上述個性特點也為他所有，而且有過之無不及：他自己日後也成為一名歷史和地理教師，對待自己的事業有忘我熱情，無私助人，道德純潔。

1849 年初，費奧多洛夫中學畢業，同年 8 月進入敖德薩市里舍利厄高等法政學校 (Ришельевский лицей) 財經部。該校創建於 1817 年，為紀念敖德薩的奠基人法國公爵里舍利厄（又譯黎塞留，A. E. du Plessis Richelieu, 1766–1822）而得名。建校初期類似中學，1837 年改為大學建制，開設了數理部和法學部，相當於大學的系。1841 年又在農經教研室基礎上成立財經部，培養目標是自然科學和經濟學專門人才。這是俄國第一個財經教學部門。當時俄國最為緊缺的是國家經濟和地區經濟管理人才，於是少年費奧多洛夫就選擇了這個部。他直言不諱地說：我不喜歡理論性的、袖手旁觀的、學術性的專業，我喜歡積極干預人生與社會之經濟和生命需求的實踐活動。

學校開設的公共必修課有：經文神學與勸誡神學、教會史、邏輯學、心理學、倫理學、俄國文學、世界史和俄國史、法語、德語、

---

❺ 載*Тамбовские губернские ведомости*, 1833, No. 100.

英語。財經部的專業課有：政治經濟學及財政學、商貿、物理、自然地理、化學、農學、林學、自然史、工藝學、俄國法律概論和建築學（選修）。 全校都是學制三年。從零散不全的該校檔案材料中可以查到費奧多洛夫在二年級即1851年春季考試的成績如下：新約教會史5分；俄國文學史口試4分，筆試2分，總評3分；化學3分；邏輯學5分；法語口試2分，筆試3分，總評3分；植物學3分。其他科目的考試他均未參加，因為此後他已因家境貧困而輟學。他的生父巴維爾・伊萬諾維奇早在他上中學時就已破產，離開了坦波夫省，他被留給其叔叔康斯坦丁・伊萬諾維奇 (Константин Ива-нович)撫養，1851年，康斯坦丁去世，使費奧多洛夫失去了繼續學業的物質保障。

古往今來，生活道路之艱難坎坷往往成為人生的一種財富。1851年這個多事之秋，費奧多洛夫失親失學，心靈的傷痛和情感的激盪成為其思想發現的重要動因。和藹善良的叔叔之死使他想到：

> 「關於親與死的問題本是彼此密切相關的：當死尚未涉及我們視之為親人和同類之人的時候，它便不會引起我們注意，它對我們也無關緊要；只有當死奪走了我們親人的時候，才使我們對親情賦予最高意義，對失落的感受愈深，使其復活的願望就愈強；使人深感孤獨與悲傷的死亡，乃是對冷漠的懲罰……」❻

親與死，這兩種情感和意識的驟然交織，使費奧多洛夫產生了對其學說的核心思想——復活的頓悟。

---

❻ 同❹, c. 28.

這個新的復活，亦即取代誕生的普遍復活，就出現在此秋（1851年）……這個思想、這個方案的誕生，已滿五十二年了。我過去以為，現在仍然以為這是一個最偉大也是最平凡的思想。不是臆想，而是自然所生！自然通過我們，通過理性存在物而達到自我意識和自我管理的完滿，重建一切在盲目中被毀壞的東西，從而履行上帝的意志……❼

——費奧多洛夫在生命的最後一年這樣寫道。

第三節　精神再生

1851 年秋至 1854 年初的兩年半時間是費奧多洛夫的自由生活時期，他不曾在任何地方任職，因此沒有留下生活足跡。但這也許是他精神生活最激烈的時期，正是這段時間，他對許多事物有了重新發現和重新評價，獲得了看世界的獨特「眼光」；在生活上也作出了新的選擇——拋棄了常人的生活追求：家庭、後代、金錢、名利，選擇了禁慾主義的生活方式。這種思想和精神的轉變有如第二次誕生。這種現象在某些大思想家身上不無先例。從此，費奧多洛夫漸漸成為一位真正超凡脫俗的理想主義思想家。

何以有此轉變，是一個頗耐人尋味的問題。他自己的不幸出身和俄羅斯社會的濃重宗教傳統無疑是兩個重要因素。

私生子在家庭中的冷遇是可想而知的。只有教堂才讓費奧多洛夫倍感親切，在這裡他才感到「與親人同在，而不是與外人同在」，這裡是他心靈成熟的聖殿，這裡使他體驗到現實地加入了全人類共

---

❼　同❹, c. 632–633.

同體，這個共同體從遠古而來，聯結生者和死者，並走向天國。

　　費奧多洛夫悟出了東正教禮拜、節日和教曆具有積極的生活教育意義。他在許多祈禱的時刻彷彿全身心地體驗和看到了神的訓誡和關於未來道路的預示。他後來說，他的主要發現就是：

　　　　「基督是復活者，而基督教作為真正的宗教，是復活的宗
　　　　教❽。以復活定義基督教是確切而完滿的定義」。❾

他把自己的學說叫做「新復活」說 (Новая Пасха)。他還不止一次地說自己是在「受難日禮拜和復活節晨禱中成長起來」❿的人。他對東正教禮儀有自己的獨特理解：「可以說，這些禮儀是按一種基本禮儀類型建立的，這就是受難日和復活節的禮拜，這表明了基督教的本質」⓫。

　　對教禮的深入洞察使費奧多洛夫產生一種信念：「宗教就是所有活人共同祈禱所有死者」。 譬如，東正教彌撒的各種形式皆與追悼死者有關：徹夜祈禱（教堂的早晚課）就是一種虔誠的祭禱，只是把死者之墓代之以他的畫像；奉獻祈禱就是給所有死去的人和活著的人上貢；聖餐是祭禱和奉獻祈禱的完成；每日祈禱是為當日去世或安葬者再行葬禮，等等。

　　這裡，費奧多洛夫把教堂內彌撒的意義推廣到教堂之外，這是

---

❽　應特別注意的是，費奧多洛夫這裡所說的復活(Воскрешение)是「使復活」之意，是復活他人的行為，而不是「自我復活」(Воскресение)。

❾　Федоров Н.Ф.: *Философия общего дела.* Т. II, М., 1913, с. 5.

❿　Там же, с. 164.

⓫　Там же, с. 34.

一種使宗教回歸現實世界的嘗試。宗教是人類歷史上淵遠流長的精
神和社會現象，本具有現實生活的根源。但經過了漫長的思想流派
和理論體系之沿革，宗教學說漸已確立起這樣一種理想，就是要克
服「此岸世界」之律法，追求彼岸之天國。實際上，宗教永遠與人
的精神生活相共生，也就永遠具有「精神王國」與「凱撒王國」這
兩個世界的矛盾性。在篤信的基督徒心中，「精神王國」——天國才
是更真實的永恆的世界，只是它現在已成為俗世所「失落的世界」
和被俗世所淹沒的世界。俗世的物質生活只是流變的現象，所以要
克服這「此岸世界」，追求精神的天國；而對於世俗之人來說，這
個感性的、物質的世界才是實在的，天國只是虛無飄渺的幻想，宗
教以此為目標便是脫離實際地生活在幻想中。所以宗教與現實生活
無干，只是人類內在靈魂的專用品，只具有心理安慰或精神寄託之
功效。費奧多洛夫彷彿要解決這個矛盾：他的理想是這樣一個時代
的來臨，屆時，基督教將超越區區教堂之限，由祈禱變成「事業」，
彌撒也將給世界帶來現實的作用，能使昔日的遺骸變成活生生的血
肉之軀。

第四節　彼得松的見證

　　1854 年 2 月 23 日，費奧多洛夫被任命為坦波夫省利彼茨克
(Липецк)縣立中學歷史和地理教師，在這裡教書三年整。1858年10
月他又被派往莫斯科省的波果羅茨克縣立中學任歷史和地理教師，
任職六年。就在這最後一年，1864年，他結識了一位年輕人叫彼得
松(Николай Павлович Петерсон, N. P. Peterson, 1844–1919)，從
此，費奧多洛夫的生活有了歷史見證人。他後來成為費奧多洛夫的

傳記作者,《共同事業的哲學》的編輯和出版者之一。

和十九世紀六、七〇年代的許多俄羅斯青年一樣,彼得松也曾是一名滿懷浪漫的革命理想的青年學生,進入莫斯科大學不久就因參加學潮而被開除,於是十七歲的他成為托爾斯泰開辦的鄉村小學的十二個教師之一。托爾斯泰曾這樣描寫這些教師的變化:「來時每人的手提箱中都是赫爾岑 (A. Герцен, A. Herzen, 1812–1870) 的手稿,頭腦裡都充滿革命思想。但不足一周,他們無一例外地都焚毀了手稿,拋棄了革命思想,教農家孩子們神的歷史和祈禱,布置他們回家讀《福音書》。 這是事實」❷。但學校沒維持多久。1862年,托爾斯泰婚後又醉心於新的家庭生活,把自己的教育理想棄之腦後,鄉村小學關閉了。彼得松又回到莫斯科大學。他很快又加入了「伊舒金分子」小組(Ишутинцы),其成員主要是他在中學和貴族學校時的同學,包括後來在1866年4月4日行刺沙皇亞歷山大二世(Александр II)未遂的卡拉科佐夫(Дмитрий Каракозов)。但在此事未發生之前兩年,彼得松就放棄學業去波果羅茨克當代數和幾何教師了。但據他後來的回憶,「此行之目的是宣傳革命思想和建立革命組織」。

1864年3月15日到達該市後,滿懷革命熱情急於開展宣傳活動的彼得松就馬上去拜訪一位當地聞名的特殊人物,聽說此人非但不追求反而拒斥市儈錢財,一人獨居,是個十足的禁欲主義者,還常常周濟貧苦學生 —— 這一切使彼得松抱有一大希望:此人將成為自己的戰友!

這位非同尋常的先生相貌如何?是年費奧多洛夫三十五歲,但在年輕的彼得松看來顯得略老些:「他當時四十歲上下,一頭烏亮

---

❷　Толстой Л. Н.: Полн. собр. соч., Т. 60, с. 437.

的美髮，中等身材，一雙漂亮的褐色眼睛，而不是淡藍色的，如托
爾斯泰在回憶錄中所言」。 這是唯一的費奧多洛夫年輕時的肖像描
寫。其他許多對他的外貌描寫都是針對他在莫斯科當圖書管理員時
期而作，屆時他已年逾花甲。

晤面後彼得松即以充滿激情的言辭鼓動費奧多洛夫參加為消
滅物質貧困和爭取社會公正的鬥爭。而費奧多洛夫的一番話使他記
憶終生。

> 我不懂您在忙碌什麼。照您的信念，全部事業都在於物質福
> 利，而您為那些並不認識的人爭取物質福利而拋棄了自己的
> 物質福利甚至犧牲生命。然而倘若物質福利對那些您所為之
> 忙碌的人並不重要，就像對您自己一樣，那麼您還忙碌什麼
> 呢？ ⓭

這一出乎意料的觀點使彼得松深為觸動，有如一個平凡的真
理。費奧多洛夫的話表明，犧牲了自己的物質利益的革命者本身就
不承認物質財富是最高價值，這種社會公正不能成為人的最高願望。
這樣，費奧多洛夫把談話提高到了新的高度 —— 闡明什麼是最高的
善和與此相對立的最大的惡。接下去他講到了作為法國大革命之響
亮口號的最高價值：自由、平等、博愛。他說，其中暴露了這些口
號的創造者的「極端輕率」， 因為所宣揚的博愛理想無論如何也不
可能來自「縱欲與任性的自由和貪婪的平等」。 這樣一種「自由」
和「平等」（正如革命本身）只能帶來紛爭、敵對和同室操戈。他
繼續說：「什麼是一般的自由？就是不去關切新生兒也注定要死這

⓭　Петерсон Н. П.: Воспомнания. —ОРГБЛ, Ф. 657.

一事實;而一切對此的關切都將給我們加上一種責任,使我們成為不自由的……盧梭(J. -J. Rousseau, 1712–1778)說,彷彿所有人都是生而自由的。走向哪裡的自由?走向死亡。」**⓮**

　　彼得松可謂是那個時代青年的典型代表。這是一群血氣方剛的激進革命者,在哲學上接受了庸俗唯物主義觀點,認為整個世界上只有物質是時時處處起決定作用的,人正是在這種物質進化過程中誕生的,因而必受物質規律的支配。這是一種自然進化論。費奧多洛夫明確反對這種進化論的消極被動觀點。他看到,在這樣一種物質總過程的深處,隨著精神一道德的產生,似乎蘊育出一種意想不到的轉折,世界進程將為此根本改觀。他說:

　　　　「物質及其所固有的力量確實通過進化而創造了具有理性的存在物──人,從此世界上又出現了一種新的力量,它能支配那些人和萬物賴以生存的力量。總之,這種新的力量無所不能……

　　　　「但是創造了這種力量的人──理性的載體──卻不能不因創造物被毀滅──而意識到創造之無意義。莫非理性的作用僅當局限於對世界進程的反映、對世界是什麼之觀照?倘若如此,則世界何以還需要理性,既然理性也像世界萬物一樣面臨消亡厄運,它又為何出現在世界上?當人意識到這一點時,他還能容忍於此、無動於衷嗎?人不僅是理性存在物,而且是感性存在物,還是行為存在物;他不僅意識到為被破壞而創造之無意義,而且感受到世界被毀壞和喪失親人的痛苦……他的活動目標正是擺脫這種導致死亡的痛苦……

⓮ 同**⓭**, c. 45.

「按進化論者的觀點，理性在自然演化中無任何意義，且永遠也不會有意義：進化論者不懷疑，人固有一死，人永遠把自然界看作倉庫，可以從中得到為短暫生命的舒適和享樂所需的資料，人將永遠在消費和揮霍自然界中千百年中所積累的財富。就是說，進化論者把具有理性的人僅看作是破壞世界和加速世界末日來臨的代理人。進化論者也不懷疑，人類將永遠停留在敵對種族和階級的紛爭狀態，永遠不會聯合起來，不會使理性的力量成為支配一切的力量，從而給現實帶來和平，給自然力帶來秩序、規律性與合目的性、預防世界的毀滅」。⓯

　　這些非同一般的思想為初出茅廬的彼得松聞所未聞，也與他在革命小組中的信仰和當時社會思潮之主流背道而馳。他感到此中包含著在更高層次上對善與惡的本質、人在世界上的使命的深刻理解，於是為之深深吸引和傾倒。從這一天起，他們二人幾乎形影不離，同去學校，課後，彼得松在家吃過午飯就又去找費奧多洛夫，一起散步，邊走邊談，然後一同去喝茶，邊喝邊談，直到深夜才分手，彼得松還常常留在費處過夜，和主人一樣，無被褥枕頭，在光禿的木箱或長凳上和衣而臥。

　　彼得松可以說是費奧多洛夫的第一個名副其實的學生。在波果羅茨克的密切交往中，費奧多洛夫把自己對1851年秋所悟出的主要思想所進行的十幾年的思索成果傳授給了這個學生。這些精神活動、理性思考和感性直覺的成果雖未見諸文字，但這些深藏於思想家頭腦中的思想已在與彼得松的交談中第一次系統地表達出來。從後者

⓯　Там же, с. 45–46.

的回憶中我們得知，費奧多洛夫表述了關於作為全人類之共同事業的復活的學說，關於親與不親，關於自然調節及其若干具體方案，關於人進入太空，關於人自身機體之改造等等。彼得松後來說:「尼古拉・費奧多洛維奇和我在波果羅茨克共同度過的日子並不長——僅三個月；但這三個月給予我的較我此前的全部生活更多。這三個月的共同生活使我永遠不能和他失去聯繫。我們每年都共度假期，直到他去世。我們在一起不僅交談，還邊說邊寫，就是尼古拉・費奧多洛維奇口授，我記錄。我想把這種使我折服的學說整理出版，但尼古拉・費奧多洛維奇總是反對，說時機不到、學說本身未充分展開、表達不充分明確」❶。

　　費奧多洛夫的教師生活總是嚴於律己，工作勤懇，敢於維護學生的利益，全力幫助貧困學生。有一次，一個學生的父親病重無錢就醫，他就捐獻了自己的所有錢財，然而病人還是死了，但無錢安葬，他就又賣掉了自己的唯一一件文官制服，把錢送到死者家中。這樣上課時他只好穿一件很破舊的衣服。不幸的是恰巧這天有位上司來校視察，他認為費奧多洛夫的穿著有失教師體統，要求將其立即辭退。只因副校長的出面竭力保護，此事才得以平息。但後來，終因同樣的事件，費奧多洛夫於1864年6月底離開了這所學校。

　　費奧多洛夫的教學方法有什麼特別之處？他教地理和歷史，認為這兩門課應給孩子們提供關於世界的第一必要的知識。他的教學原則是使學生積極參與到認識之中。他不認為教科書是教學的基本形式，而代之以一般提綱，特別是師生一起獲得的知識材料——這些材料來自對家鄉所在地區的地理特點、動植物界概況及其歷史的直接研究，來自對自然現象的觀察。

---

❶　Там же, с. 48.

星空成為第一本教科書。彼得松回憶說：「他講解什麼是北極之前，先給學生指點哪顆是北極星，讓他們夜晚觀察，這顆星不動，其他星繞它旋轉。在春分和秋分日，給學生講太陽光此時直射地球的圓周就是赤道，等等」。費奧多洛夫設想未來的學校都該建造一個經常觀察天空的高臺，以培養學生參與「宇宙生命」而不是今天的「市民生活」。他說：「若不面向太空，則今日之學校就如船艙，乘客在其中總是在渡海。而我們的教育應當讓學生走出船艙登上甲板……經常上甲板能使學生感到自己是一個游渡者，時而親自駕駛地球船穿越彗星尾部和流星雨，時而游過罕見的宇宙物質顆粒或塵埃的太空沙漠」 ❼。這樣，學校將培養學生的星球感、宇宙感，向他們展示理性的人的宇宙使命——「把地球看作出發點，整個宇宙才是我們的活動舞臺」 ❽。

他還認為地理教學應與歷史教學緊密聯繫起來，因為空間與時間是不可分的。我們和我們的前輩所在的地球空間，也深深蘊藏著吞沒一切生命的時間之流。「地理給我們講作為住所的地球，歷史給我們講作為基地的地球」 ❾。

離開波果羅茨克中學後，費奧多洛夫在不到三年中幾易其地任教職。1866年4月4日沙皇被行刺事件後，彼得松因曾是「伊舒金小組」成員而被捕，費奧多洛夫也因與彼得松的關係密切而被捕，但兩周之後他就被無罪釋放，而彼得松被判八個月苦役。1866年12月，彼得松刑滿獲釋後便來到莫斯科，靠做家教、抄寫和打零工為生。

---

❼　同❶，c. 370; c. 371.

❽　同上。

❾　Федоров Н. Ф.: *Философия общего дела*. Т. II，Верный，1913，c. 218.

1867年他在費奧多洛夫的新工作地與他共度復活節。不久，這年4月末，費奧多洛夫辭去教職，同他的學生一起前往莫斯科。從此開始了費奧多洛夫生活的最重要階段——莫斯科時期。

第三章　莫斯科的蘇格拉底

古希臘哲人蘇格拉底（Sokrates，西元前469－前399）的形象廣為人知：衣衫襤褸，赤腳漫遊於街道、集市、廣場，侃侃而談，滔滔雄辯，講話極富魅力，周圍聚集一批門徒；品德高尚，生活儉樸，不求名利，但求學問與真理，誨人不倦而又能身體力行。

後人稱費奧多洛夫是「莫斯科的蘇格拉底」，因為他的生活與個性與蘇格拉底多有相似之處。

第一節　圖書館員

莫斯科之春，乍暖還寒。初到第二都城的費奧多洛夫和彼得松無依無靠，不得不為生計奔波。他們二人只有一份家教工作，不足糊口，時常挨餓。好在時間不長，到1867年夏末，彼得松終於找到一份固定工作——切爾科夫圖書館助理館員。生活穩定下來，他便娶妻生子，忙於家務。費奧多洛夫獨自一人又到郊區的波多爾縣立中學(Подольское уездное улильще)當了一學期史地教師。1869年5月，彼得松受任坦波夫省斯巴斯克(Спаск)地方調節法官委員會秘書，他走馬上任，便把莫斯科的家教和圖書館員之職留給了老師費奧多洛夫。

切爾科夫圖書館為紀念第一個圖書收藏家亞歷山大·切爾科夫(А. Д. Чертков, A. D. Chertkov, 1789-1858)而得名，1863年正式建成開放，當時是莫斯科唯一一家對所有人開放的圖書館。可以說，圖書館是一所極好的自修大學。它較之一般大學教育更有其獨到優勢：這裡無需記錄講義和咀嚼現成的東西，無需被動接受，而是可以自由攝取和獨立研究。在圖書館工作為思想家費奧多洛夫的廣博學說和獨到學說提供了有利條件。

切爾科夫圖書館只存在了十年——1874年前夕該館藏書被遷往莫斯科魯緬采夫博物館。1874年11月27日，費奧多洛夫定職為該館閱覽室值班員。從此，他與這裡結下了二十五年不解之緣。這段時間是他一生中最輝煌的時期，他的精神和道德形象完全確立，他的學說也日臻完善成熟。而這一切都是在知名與不知名的同代人、作家、科學家、同事和讀者的回憶錄中得到說明的。因為費奧多洛夫在世時堅決反對任何關於自己的宣傳甚至提到自己的名字。直到他謝世之後，許多報刊紛紛登載訃告和回憶文章，才使他一時名聲遠揚。「彷彿是一個突然發現，找到了無價珍寶」❶。另一篇悼念文章生動形象地確定了他的社會地位：「俄國歷史上新的麥基洗德❷去世了。他傳布永恒，但他不是由任何教會來塗聖油。他不是在教堂，而是在大街上吟唱著自己的復活經典」❸。

在一般人眼裡，圖書出納員的工作近乎平凡無比，但費奧多洛

---

❶ *Исторический вестник*, Спб, 1904, No. 2, с. 663.

❷ 麥基洗德(Мельхиседек, Melchezedek)——《聖經》人物，古猶太撒冷（後來的耶路撒冷）之王，「不符律法」的最高司祭（參閱《舊約·創世記》，14: 18-20;〈詩篇〉，110: 4;《新約·希伯來書》，7: 1-28）。

❸ *Московские ведомости*, 1904, No. 23, с. 7.

夫卻視自己的工作為「神聖事業」。他認為圖書館是聯結古今的不朽之環，因此具有復活歷史的特殊意義。他主張，一切印刷品，哪怕是日曆、草圖、條例、聲明、廣告等等，都帶有時代和作者的印跡，都該保留下來，收藏起來。應當有目的、有組織、有系統地進行這項工作。

費奧多洛夫在每本書的背後首先看到的是書的創作者。他說：「書是作者思想和靈魂的表現，對書本應當像對生氣勃勃的活人一樣。如果作者死了，則應把書看成是遺體，作者彷彿將賴此而復生」❹。他還有一個鮮為人知的願望——建立一個作者去世日曆圖書館。在這裡，讀者每天都去讀在歷史上的今天死去的一位或多位作者的書，這樣，每本書都將有一天被讀到，讀書如人，從中喚起「作者的活形象」，這便已是使作者復活的第一步。因為，正如他所言，「研究不意味著斥責和贊許，而是在恢復生命」❺。

這裡突出了圖書學的意義。費奧多洛夫認為，這門時下「備受冷落和蔑視的科學」實際上包含著「知識的鑰匙」。他說：什麼是圖書學？圖書學應當通過引導閱讀和研究書籍而紀念逝去的生命和時代。因此它所面臨的新任務就是建立以作者逝世日為序的圖書目錄，還有專門收錄所有作者的詞典，類似教堂中的追荐亡人名簿。然而畢竟不能強行把一切圖書館工作都歸結為只研究作者。所以在〈作者的義務與圖書館的權利〉一文中，費奧多洛夫提出一個更為現實可行的方案：在圖書館原有的保存部和閱覽部之外，增設一個展覽部，其業務是按照紀念和研究的原則每天都展示相應的圖書、

---

❹ Федоров Н. Ф.: *Философия общего дела*, Т. I, Верный, 1906, с. 679.

❺ Там же. с. 683.

作者畫像和半身雕像等等。這樣，圖書館的道德意義就得以充分表現：「圖書館應當不僅是圖書收藏處，而且是為先輩建造的紀念碑，其中的圖書就是作者的靈魂，而半身塑像就是他們的軀體⋯⋯如果把書庫比作墳墓，那麼閱讀或研究就是使作者脫離墳墓，而展覽就彷彿是復活」❻。

費奧多洛夫還在圖書學領域提出過許多創意，如館際和國際圖書交流，以及私人藏書在閱覽室的利用等等。他第一個製做了魯緬采夫博物館藏書的系統目錄，還專門論述圖書內容提要卡片的作用，認為應由作者本人撰寫，盡量「完整而簡練」❼。

據同代人的回憶，費奧多洛夫對館內藏書瞭如指掌。「未必有哪一家圖書館敢於像魯緬采夫博物館那樣自詡有熟知自己所有藏書的館員。而尼古拉・費奧多洛維奇了解魯緬采夫博物館藏書的內容，這簡直是不可思議的現象」❽。關於費奧多洛夫的博學甚至具有傳奇色彩。許多俄國科學家（從東方學、宗教學到海洋事務）都滿懷感激之情地回憶起尼古拉・費奧多洛維奇的幫助。「這簡直是一部名副其實的活百科全書，他的記憶簡直浩無邊際」❾。

雖說在圖書館的職位低微，但費奧多洛夫德高望重，成為魯緬采夫博物館的知識和精神權威。以至於畫家列・帕斯捷爾納克（Л. О. Пастернак，著名作家和詩人 Б. Л. 帕斯捷爾納克之父）在多年

---

❻ 費以筆名發表"Долг авторский и право музея –библиотеки." — в газете *Дон*, 1897, 1 июля.

❼ 筆名文章 "Что значит карточка, приложенная к книге." — *Дон*, 1896, No. 119.

❽ *Московские ведомости*, 1904, No. 23, c. 5.

❾ 同上。

後寫回憶錄時竟把費奧多洛夫錯記成館長。這個記憶錯誤要比史實更能說明問題。

每天3點博物館開館後以及星期天，目錄廳都成為真正的辯論俱樂部。當時莫斯科的許多名士都來參加。當各種意見紛爭相持不下之時，「老師」總能以出色的綜合能力使各種矛盾走向和解❿。

第二節　古怪的個性

這位與眾不同的老圖書館員的生活方式幾乎使人不可思議。他的作息時間大致如下：下午5點從博物館下班回到自己的斗室，吃點麵包加不放糖的茶，這就是他的主食了。然後以書當枕和衣臥於光板箱子上睡大約一個半小時，然後讀書和寫作到凌晨3-4點，然後再睡2-3小時，再喝點茶，早上7-8點就又上班去了。如此寒來暑往，年復一年。無論嚴冬盛夏，他總是穿著一件古舊的單排扣大衣。他從不輕易花一戈比用於自己的消遣。「他在博物館的月薪是三十三盧布，但自己只花八盧布：五盧布買煤，三盧布用於吃飯，也就是買麵包和喝茶」❶。這樣就不難想像，他何以有可能以自己的微薄薪水周濟他人和購買圖書。每月20號（發薪日）都有一些更貧困的人來找他，他就把剛發的大部分工資分給他們。館長曾不止一次想給他加薪，他總是把機會讓給其他同事，說對自己的現狀已心滿意足了。他還常用自己的錢設法為圖書館買些必要但買不到的書籍。

物質與精神，是人類的永恆糾葛。古代世界，人類精神的宏揚

---

❿　Кожевников В. А.: *Н. Ф. Федоров.* с. 5.

❶　Покровский П. Я.: "Из воспоминаний О Н. Федорове." ——
Московские ведомости, 1904, No. 23, c. 4.

曾走入禁欲主義的極端；然而，近世在「人的發現」、「人的解放」之口號下，人的精神彷彿在物質的擠壓下有所失落或變得單調了，物成為更普遍的價值標準。所以有人感嘆現實社會正處於物欲橫流的時代，呼籲人文精神之振興。當年，費奧多洛夫以自己的言行拒斥物的統治，維護人的內在精神之美與力量。有一次他在一個學生謝維洛夫(C. M. Северов)家看見有許多藏書，說：「這都很好。但要記住，最壞的事是對物的偶像崇拜，嗜物成癖，成為物的俘虜」。在另一個場合還寫道：「物占有人，束縛人，使人不自由，給人的世界帶來紛爭」**⑫**，使人「永遠處在童年，長不大」，「削弱人的肉體，扭曲人的靈魂」。

人的靈魂之美並不表現在華麗的服飾。在費奧多洛夫看來，華麗的服裝只是一種生活遊戲，是供消遣的「手工玩具」，是一種欺人的外表，只為掩飾人的缺陷、畸形、病態和肉體的易朽。「服裝只是我們易朽之軀的更易朽之外殼」。房屋在他看來也不是舒適的享樂之所，而是一種生活表面的假象：「這些房屋……造成一種印象，彷彿建造房屋是為了使人忘記死亡與腐朽還依然存在；房屋好比面具，掩飾了我們面對自然的無能為力」，「它可能很漂亮、方便、舒適，但它會讓人失望，會帶來恐懼」**⑬**。

衣食住行，費奧多洛夫都如此「超凡脫俗」。「這是一個自然的禁欲主義者和老童男，他不要任何物質享樂和生活舒適，除了溫暖之外。他喜歡熱茶和陽光」**⑭**——沃倫斯基總結道。

在同時代人的回憶中，這位神奇的老館員的外表是：中等身材，

---

⑫ Федоров Н. Ф.: *Сочинения*. c. 417.

⑬ Там же. c. 414; 413.

⑭ Семенова С. Федоров : *Творчество жизни*. c. 73; 74.

微微駝背，幾乎禿頂，但在頭頂下部長著一圈卷曲的長髮。他的年紀很難判斷。在幾十年間他彷彿總是那一副老者形象，幾乎沒有什麼變化。他的穿著也使他顯得老氣，一身古舊的衣服，但絲毫不髒破，且十分得體。他最喜歡說這樣一句話：「別看你今天綾羅綢緞，明朝就要破衣爛衫」。貌似年邁，其生命精力卻令人驚嘆：「活躍，好動，甚至動作敏捷，聲音洪亮，講話迅速生動，思想豐富多彩且深刻尖銳——這一切都表明這個非同尋常的人沒有年老體衰，卻像年富力強」❶❺。眾所周知，費奧多洛夫在圖書館上班時從來不坐在桌後，而是總看見他在不停地走動，穿行於書庫、閱覽室和書架之間。甚至到了他工作的最後幾年，他的雙腿重病，他只是輕輕地扶著椅子站在那裡。這似乎是在踐行他自己的一個思想：人的直立狀態是對使人匍匐於地的引力的抗拒。

費奧多洛夫的最顯著外貌特徵在他的臉上：橢圓臉形，高額頭，線條優美，外圍是長長的銀灰色鬍鬚。一雙兒童般明澈的眼睛，發出「熱烈敏銳的目光」，　透射出「聰明的智慧、旺盛的精力和剛強的意志」。正如一位作者所言，「從他的全身讓人感到一種自覺的苦行，不是為標新立異和沽名釣譽，而是為最高任務和最高願望而自我修煉」❶❻。

費奧多洛夫的虛懷若谷甚至過分。他雖在莫斯科和聖彼得堡文化圈中廣為人知，但大家所知的只是他的名和父稱——尼古拉·費奧多洛維奇，至於他的姓——費奧多洛夫，則鮮為人知，包括館內有人都不清楚。有人曾問該圖書館看門人他們的這位著名館員姓什麼，得到的回答是：「——姓什麼？尼古拉·費奧多洛維奇，就這些。

---

❶❺　同❶❹。

❶❻　Там же, с. 74.

他沒有姓」。費奧多洛夫去世時大部分莫斯科報紙都登載訃告。《莫斯科通報》(*Московские ведомости*)上的訃告標題非同尋常：「紀念尼古拉・費奧多洛維奇」， —— 沒有寫姓。開頭一句是「尼古拉・費奧多洛維奇不在了」。

若不是朋友們略施小計，甚至這位非凡人物的肖像都不會保存下來：他們讓畫家列・帕斯捷爾納克悄悄躲在閱覽室的書架後面，才得以偷畫下他的肖像草圖。1919年，畫家在此基礎上畫了一張大肖像，這就是今天人們在莫斯科國家圖書館（列寧圖書館）所看到的費奧多洛夫像。他更反對有人給他拍照。有一次一個崇拜者把照相機帶進閱覽室企圖給他偷偷拍照，他發現後十分氣惱。以後每當攝影師到來他總是躲避起來。他對自己肖像的態度與列夫・托爾斯泰迥然相異。費奧多洛夫不止一次地為這位著名作家的矛盾態度表示困惑不解：一方面，托氏激烈否認聖像畫，把它們叫做「小木牌」，他感受不到聖像畫是一種聖靈的形體化；另一方面，他自己卻非常樂於擺好姿勢讓畫家和攝影師作畫和拍照。他不敬拜聖像，卻把自己的畫像四處傳揚。

費奧多洛夫的獨特個性無法歸結到任何一種類型，更難以找到類似者。他過著苦行僧的生活，卻全然不是逍遙於世外桃源的遁世者。他熱愛人民和社會。出版家尤里・巴爾捷涅夫(Юрий Бартенов)確切地描繪了這種禁欲生活的意義：

> 「孩子病危的母親會夜不能眠，食不甘味，忘記一切與孩子無干之事，並表現出異乎尋常的力量：尼古拉・費奧多洛維奇就是在這種狀態下度過自己的全部生命。為自己的事業他忘記了我們所沉迷其中的一切」。❶

當然，不能說這種生活方式完全由他的學說所主使。「共同事業」學說要求生命的完滿性和積極性，要求人的能力的高度發展。況且他從來不曾企圖以自己的生活方式作為他人之榜樣。只是他自己只能這樣生活。但是，如果說他的生活不是他的學說之一切要求的絕對反映，那麼，卻可以說，這種生活至少在理論上體現了這一學說所以產生的熱切願望——與死做鬥爭，試圖消滅死亡，至少是在文化中對死之不幸作出補償。所以成為禁欲主義者，不關心所穿何衣所吃何食，拒絕一切物質享樂，就是為了把自己的一切物質與精神力量凝聚於一處：全身心致力於共同事業——消滅死亡，找回逝去的東西。這就是費奧多洛夫的生活目標。他號召不要沉湎於現有的短暫易逝的生命，苟活於充滿肉欲的塵世而忘卻可怕的終結，更不要以文化的精巧花紋來粉飾我們生活的粗糙表皮。

第三節　現實的論題

富於幻想的思想家並沒有在書齋中與世隔絕地營造思想大廈。費奧多洛夫以自己獨有的方式積極關注和努力參與當時的許多文化、歷史和社會事件，甚至在某些方面還提出了建設性的可行方案。他從「共同事業」學說出發發表的觀點（總是匿名或用筆名，有時用別人的名字）往往關涉一些具體的、甚至迫切的問題，比如主張親近法國、國際圖書交流、乾旱與飢餓，即將到來的世界競爭以及關於裁減軍備的辯論等等。他發表於1898年10月14日《新時代》(*Новое время*)上的〈裁軍〉(Разоружение)一文提出變軍隊為自然科學力量，該文在俄國輿論界引起不小反響，還引起了某些英國社

---

⑰ *Русский архив*, 1904, No. 1, c. 192.

會活動家的興趣。

當然，費奧多洛夫的主要視線還是投向那些為大眾所忽視的邊緣問題。他對這些問題不是在現實歷史上的政治陰謀、改革、戰爭等等事件上就事論事，而是面向一種尚未寫就的歷史，這是重新抉擇的歷史。

自1812年拿破侖入侵後，幾乎在整個十九世紀之中，俄國知識界都在熱烈討論俄羅斯民族性及其歷史使命問題，由此產生了斯拉夫派、西方派、民粹派、鄉土主義等各種思想流派。新斯拉夫派與索洛維約夫曾就俄羅斯民族特性及對世界未來的貢獻是什麼的問題展開爭論，前者認為俄羅斯民族特性在於深遠的宗教傳統，在於東正教，後者則堅持俄羅斯民族的歷史優勢和對未來的貢獻在於其強大的國家組織性。費奧多洛夫對此則有自己的獨到見解。他從人們所不曾留意的事實出發，認為俄羅斯民族的深刻獨特性包含在日常教堂(Обыденные Храмы)之中，正是在這裡蘊育著俄羅斯民族的未來希望。何謂日常教堂？這是一種特殊現象。原來，在古俄羅斯，主要是在俄羅斯民族精神更加濃重的北部地區，有這樣一種習俗：人們齊心協力共同在一個或幾個晝夜之內建起一整座教堂，在其中進行日常的祈禱和禮拜。這種同心同德的精神和神奇的勞動熱情只有在非常狀態下才是可能的，譬如面臨飢餓與瘟疫等天災或為防衛外敵入侵。在這種共同行動中包含著一種特別的大眾心態——同心同德的品質。人們往往不去深究這種心態的潛在目的是什麼。在費奧多洛夫看來，這一潛在目的的外部標誌，它的象徵形式，就是日常教堂。「這不僅僅是心理統一和意見一致的紀念物，而且是拯救和普遍復活行動的徵兆」。所以，「這種習俗是獨立生成的自發現象，並且是蘊含了我們民族性的最本質特點的特殊現象；總之，——關

於日常教堂的問題即是關於俄羅斯民族性、俄羅斯民族精神及其在
經濟、國家和宗教事業中的表現的問題」❿。

　　在古老的俄羅斯大地上，自古就有這樣的習俗：當某一戶農家
在收割、脫粒或建造房屋的時候，同村人都自願幫忙一日，無需任
何報償。這種現象在俄國北部和東部叫Помощь，南部叫Толока́，
都是「幫忙」之意。在費奧多洛夫看來，日常教堂活動將這種自古
就有的自願勞動熱情引入了「神聖事業」。 這種自願的幫工活動給
參加者喚起了一種四海皆兄弟的親情。這種勞動及其所賦予的情感
彷彿包含著柏拉圖 (Plato，西元前427－前347)所說的對另一個世
界的靈魂回憶，閃耀著無私奉獻的遙遠的光芒，帶來了伊甸園中的
純真的善與美……對費奧多洛夫來說，自願的品質是存在之最高秩
序的主要特徵。「完全的自願性是成年的表現」。不斷擴展這種義務
勞動範圍，在自身和整個集體中培養這種自顧品質，就意味著新的
存在秩序之幼芽的生長壯大。所以他說，關於日常教堂的問題「是
最實質和最根本的問題」，它給全部哲學賦予了另一種取向，「把理
論哲學和實踐哲學合而為一，成為方案哲學」❾。

　　十九世紀末，法國社會學家塔爾德 (Gabriel de Tarde, 1843-
1904)以充分證據說明了，在群體中每個成員的道德和智力水平都有
急劇下降，因為有某種心理傳染，能瞬間波及全體成員。這裡強調
的是群體的消極作用。費奧多洛夫了解這位社會學家的「犯罪的群
體」理論。他自己則反其道而行之，要證明除群體對個人確有使其
墮落的影響之外，還存在著相反的情況——群體對個人也有使其道
德高尚的作用，消除自私自利的狹隘欲念，以團結一致的熱情釋放

---

❿　同❹, c. 687.

❾　Там же, c. 690.

出巨大的創造力。他說，應以集體行為的這些特點為集體平反，這
些特點正是「共同事業」之可能性的希望。

　　然而，費奧多洛夫比較了俄羅斯與西方宗教的不同特點。他指
出，神的原形不是作為抽象教條或直觀概念進入俄羅斯的基督教意
識的，而是作為精神與肉體完美結合的積極榜樣，即三位一體。所
以他高度評價俄國第一座聖三一教堂的創立者謝爾蓋‧拉多涅日斯
基的精神功績。

　　費奧多洛夫比較了兩種宗教熱情，一種是西方式的，被廣泛談
論的所謂「復興」(Ревиваль)，也就是「興奮」(revival)，即對宗
教情緒的鼓動。比如1857-1858年在紐約發生的「興奮派」運動，
在大批民眾中爆發了懺悔自己罪孽的狂潮，招致許多過激行為：拉
扯頭髮，嚎啕大哭，渾身痙攣，彼此爭吵，打架甚至殺人。結果懺
悔變成犯罪。這使西方心理學家把群體的集體活動看作心理流行病
的成因。「與西方作者的觀點相反，在我們這裡，集體活動不是導
致心理病，而是對心理病的治療」❷。

　　所以，另一種類型的宗教熱情是鮮為人知的俄國式的——建造
日常教堂。它把懺悔溶解於一項神聖事業之中，盡心竭力地工作，
因此代之心理狂躁而產生的是感動、喜悅和仁愛。與此相關，俄國
與西方的教堂建築也有顯著不同：俄國是在一兩天之內就建起一座
日常教堂，規模不大，緊貼地面，彷彿保存著祖先的聖跡；西方的
教堂則是哥特式的龐然大物，數年才建成，竭力伸向天空。在這種
向高空的無限伸展中，在這種以建築表達的精神興奮中，表現了某
種柏拉圖主義的靈魂超越肉體的傾向。而在不大的東正教堂中，則
更多地保留著人類的形態，物質彷彿更少脫離精神。此外，西方教

---

❷　Там же, с. 728.

堂少有鐘，而且響聲不大宏亮，這表現了這些教堂的召集力、凝聚力較弱。

第四節　思想巨人之間

費奧多洛夫在世時，他的學說主要以口頭形式在與他交往較多的少數人中間傳播，首先是魯緬采夫博物館的人。而知曉他的手稿的人就更少。但在這更少的人中間，卻有幾位聞名世界的思想巨子，如我們在導言中所提，就是陀思妥耶夫斯基、托爾斯泰和索洛維約夫。

上一章中已講到，彼得松早在六〇年代就開始記錄他的朋友和老師費奧多洛夫的思想。主要是利用暑假期間。雖有間斷，但彼得松漸漸形成了老師思想的完整觀念。他為這些思想所折服，就想使其為更多人所了解。他認為在精神上同自己的老師最接近的、能夠接受這一學說並對此作出反應的就是陀斯妥耶夫斯基。（當然，他的這種看法也是以費奧多洛夫本人對這位偉大作家的高度評價為依據的）。於是，1876年初，彼得松寄給作家一篇關於合作問題的文章，其基本內容就是費奧多洛夫關於社會中的「不親」與紛爭的思想。陀斯妥耶夫斯基果然在1876年3月的《作家日記》中作出反應，在援引了該文的一部分文字之後指出：「這一切都是年輕的、新鮮的、理論性的、非實踐性的，但在理論上是完全正確的，是以真誠而又帶著痛苦的情感寫成的……謝謝這篇文章，因為它使我十分滿足；我很少讀到比它更富有邏輯性的文章」[21]。

---

[21] Достоевский Ф. М.: *Полн.* собр. соч. в 30 – ти то мах, Т. 22, л. 1981, с. 83.

　　同時，作家又對該文其他部分存有疑慮，而不敢「冒然引用」。
這種既感興趣又懷疑的反應致使彼得松對該文又作出進一步更確切
的說明。1877年12月，他又致信陀氏，十分明確地敘述了費奧多洛
夫學說的基本原則（仍未提費的名字），這次引起了陀的熱烈反響，
他在回信中說：「首要的問題是，您轉述其思想的這位思想家是誰？
若有可能，請告訴我他的真名。他引起了我的極大興趣。至少請告
訴我哪怕只有他是怎樣一個人，如果可能的話。然後，我要告訴您，
我在本質上完全同意這些思想，我認為這彷彿是我自己的思想。今
天我又把它們讀給弗・索洛維約夫。我是特意等著他，以便把您所
敘述的思想給他讀的。因為我在他的觀點中發現了許多與此相似的
東西。這使我們度過了美妙的兩小時。他對這位思想家也深表贊
同」❷。信的最後請求得到這些他為之深深感動的思想的更確切更
完整的敘述。

　　陀思妥耶夫斯基的回信也使費奧多洛夫深有感觸：他的學說能
夠為這位大作家所接受，讓他感到安慰。這彷彿為他開闢了新的光
明遠景——通過偉大人物向俄羅斯和世界展示自己的學說（而不是
自己）。 為此就應當使自己的觀點表達得更完整、更明確、更有說
服力。這還需大做一番整理加工工作：暑假裡他講述，彼得松整理，
秋冬時節彼得松把整理稿寄到莫斯科給他修改補充，然後再寄給彼
得松。文本就這樣幾經往返，但作者還是不甚滿意，給陀思妥耶夫
斯基的回答就這樣拖延下來。當文稿基本完成，準備寄給陀的時候，
卻傳來了這位天才作家不幸逝世的消息（1881年1月）。 這封「信」
後來收入《共同事業的哲學》第一卷，即〈關於博愛或親，關於世
界之不愛、不親亦即不和狀態的原因，關於復興親的手段問題〉

---

❷　Там же, Т. 30, кн. 1, c. 13–14.

(Вопрос о братстве, или родстве, о причинах небратского, неродственного, т. е. немирного, состояния мира и о средствах к восстановлению родства)一篇的主要部分。

　　陀思妥耶夫斯基終未看到費奧多洛夫學說的完整表述。但彼得松在上一封信中所敘述的內容已在陀氏的最後一部代表作《卡拉馬佐夫兄弟》(*Братья Карамазовы*, 1879–1880) 中反映出來。費奧多洛夫的思想主題貫穿於小說中阿遼莎和「男孩子們」的形象這一線索之中。陀氏把阿遼莎作為一個新型的正面人物。小說的開始部分就表達了這個青年的主要理想和他為自己提出的生活目標：「我要為不死而生活，決不容許半信半疑的妥協」[23]。小說的最後一幕，阿列克謝·卡拉馬佐夫（阿遼莎）在死去的伊柳沙的石頭旁表達了「男孩子們」的信條：「我們一定能復活的，彼此一定會見面的，大家一定會高高興興地互相訴說過去的一切。」[24]這也是陀思妥耶夫斯基留給人們的最後遺言。其中所包含的信念，按照研究者布爾索夫(Б. Бурсов)的觀點，就是費奧多洛夫學說所帶給他的希望。

　　1878年夏，列夫·托爾斯泰攜全家從薩馬拉(Самара)省遷居莫斯科郊區的雅斯納亞·波良納(Ясная Поляна)。在火車上，與彼得松邂逅。彼得松身邊恰巧帶著陀思妥耶夫斯基的信和自己復信的開始部分，他把這些給托爾斯泰看過。從此，托爾斯泰對費奧多洛夫學說也有所了解。他當初「不大喜歡」，但對彼得松講的自己老師的個性和生活方式頗感興趣。幾年後，1881年，當托爾斯泰經歷精神危機的時候，他曾去博物館找費奧多洛夫，說「我認識彼得松」，

[23]　參見陀思妥耶夫斯基《卡拉馬佐夫兄弟》中譯本，浙江文藝出版社，1996，第28頁。

[24]　同上，第935頁。

從此二人相識。

托爾斯泰竭力宣揚平民化、愛鄉人、愛仇敵等道德誡命，但對他自己來說真要切實做到這些卻十分困難，而在這方面費奧多洛夫似乎做得更好：不是宣揚，而是「踐行」，是自然而然的，未顯出十分艱難。這使托爾斯泰深為驚嘆。1881年11月他從莫斯科致信阿列克謝耶夫(В. И. Алексеев)寫道：「這裡有許多人，我有幸與其中兩位結交，一位是奧爾洛夫(Орлов)，另一位更主要的是尼古拉·費奧多洛維奇·費奧多洛夫。他是魯緬采夫圖書館員。您記得我曾給您說過，他制定了一個全人類共同事業的方案，這項事業之目的就是使一切人在肉體上復活。第一，這並不像想像的那樣愚蠢。(請別擔心，我不同意也未同意過他的觀點，但我能理解這些思想，我感到在一切其他的具有外在目的的信仰面前，我能夠維護這些觀點……他六十歲，清貧，把一切都給予他人，卻總是愉快和溫和……」❷❺。從此，托爾斯泰經常去魯緬采夫博物館和費奧多洛夫的斗室參加人數不多的沙龍。

雖然托爾斯泰對自然科學的進步持懷疑態度，但他對費奧多洛夫關於「自然調節」的某些思想仍有興趣。他在1891年11月的一封信中寫道：「關於對雲的運動施加作用，以便使雨不下回海洋，而下到所需之處，這方面我一無所知，但我想這並非不可能，在這方面將要做的一切都是善事。這也正是尼古拉·費奧多洛維奇世界觀的應用之一，對此我從來都是贊同的」❷❻。顯然是由於受到了與費奧多洛夫談話的影響，在1882年的〈那麼我們怎麼辦?〉(Так что же нам делать?)一文中托爾斯泰一反常規地把「人類與自然的共

---

❷❺　Толстой Л. Н.: *Полн.* собн. соч. Т. 63, с. 80–81.

❷❻　Там же, Т. 66, с. 85.

同鬥爭」作為「人類首要的無可置疑的義務」❷。

在托爾斯泰名著《復活》(*Воскресение*)中，作者以敬重而熱烈的筆調描寫了一位被流放的革命者西蒙松，其哲學信念就包括「共同事業」學說的成分：必須以人們自己的勞動與知識的力量使一切死去的人復活。托爾斯泰的長子謝爾蓋證明說，這個人物的原型在一定程度上就取自費奧多洛夫的學生彼得松。但托爾斯泰的復活思想旨在喚起人的精神、道德的復活。「不是死者的肉體和個性的復活，而是喚醒其在上帝之中的生命」。 道德復活的主題成為托爾斯泰九〇年代創作的核心。他在這些作品中進一步發展了自己的宗教道德學說。但這一學說的基本原理引起了費奧多洛夫的批評。他認為這一學說的根本弱點在於沒有一個明確的指導目標，缺乏創造性的理想，是「否定性的」：只勸導人不做什麼（勿以暴力抗惡、勿殺人……）。托爾斯泰的「天國在你們心中」的理想之所以是不能實現的，是因為存在著迫使人們行凶作惡和離心離德的外部力量——盲目的自然規律。

兩位思想家關係的最後破裂是在1892年托爾斯泰在英國《每日電訊》(*Daily Telegraph*) 上發表〈論飢餓〉的信以後。費奧多洛夫認為托爾斯泰號召拒服兵役和抗稅等等不能帶來愛的王國，而會導致敵對與鬥爭的激化；甚至在英國報紙上直接呼籲叛亂，這有造成同室操戈的對抗的危險。此後，當托爾斯泰再來圖書館時費奧多洛夫便不予理睬。甚至當托向他請教問題時，得到的回答是：「不，我跟您無任何共同之處，您可以走了」❷。但這並未影響托對費奧

---

❷　Там же, Т. 25, с. 381.

❷　Георгиевский Г. П.: "Л. Толстой и Н. Федоров" —— *Огонёк*, 1978, No. 37.

多洛夫的精神上的敬重。當1895年有讀者請他為寫給費奧多洛夫的祝辭簽名時，他欣然寫道：「我很高興為您寫給尼古拉·費奧多洛維奇的所有祝辭簽名。無論您在祝辭中怎樣高度評價他的個性和工作，都無法表達我對他人格的深深敬意和我對他以自己的忘我活動所做之善的贊揚」❷❾。在1908年2月致彼得松的信中，他又憶起逝世的費奧多洛夫，稱他是「可愛的令人難忘的」、「了不起的人」。在與伊瓦金(И. М. Ивакин)的談話中，托爾斯泰評價費奧多洛夫思想說：

> 「從哲學觀點看，他的學說是正確的，他正確地給人類提出了這樣的任務，此任務只有放在時間的無限延續中方能完成」❸⓪。

如果說托爾斯泰所欣賞和稱贊的主要是費奧多洛夫的個人品格和他「精神財富」的深刻磅礴，那麼弗·索洛維約夫所為之傾倒的則是「共同事業」思想的實質本身。早在1877年，他就在陀思妥耶夫斯基那裡聽到了這位不知姓名的思想家的學說；1882年他在莫斯科得以讀到費奧多洛夫學說的完整敘述稿，他為之深深打動，馬上致信費奧多洛夫表達自己的強烈感受。（信的主要內容見本書導言）

此後不久，索洛維約夫去彼得堡大學開辦公開講座，內容就很多涉及了費奧多洛夫思想。但使他深感失望的是，大學生們並不接受關於人類面臨普遍復活任務的基本思想。也有另一種證據說，他的最後一講〈基督教的生命意義〉給聽眾留下深刻印象。其中有這

---

❷❾　同❷⑤，T. 68, c. 246–247.

❸⓪　Литературное наследство, T. 69, Кн. 2, M., 1961, c. 52.

樣的話：「自然個體的毀滅並不是對個別與一般這一世界矛盾的解
決，自然個體的復活和永生才是這一矛盾的解決。這一解決只有通
過人的意志的合理的和自由的作用才能達到」❸。

　　但費奧多洛夫對索洛維約夫的講座並不滿意，認為在此自己的
「方案」被索洛維約夫「譯成了哲學神秘主義語言」，沒有務實的
具體性，沒有指出與科學探索新趨勢相聯繫的自然調節的現實道路。

　　總的說來，索洛維約夫受費奧多洛夫思想的影響是很大的。他
在八〇一九〇年代之交所寫的一系列哲學—美學著作都深含「共同
事業」學說之精神，如〈自然美〉(Красота в природе, 1889)、〈藝
術的一般意義〉(Общий смысл искусства, 1890)，〈愛的意義〉
(смысл любви, 1892–1894)等幾篇論文。尤其是後一篇長文，作者
賦予愛一種超個人的宇宙意義，把愛同人類歷史的共同任務和整個
宇宙的改造聯繫起來。

　　後來，兩位思想家在觀點上也發生了嚴重分歧。索洛維約夫不
同意「共同事業」「方案」的非宗教性，認為離開基督教的復活是
不現實的。他在與費奧多洛夫的一次談話中曾說：要實現「共同事
業」至少需要二萬五千年或一萬年（首先需要人類的緊密團結，然
後再直接作用於自然），而要實現東西方教會聯合，使俄國轉向天
主教或歸屬羅馬教皇，只需十五年就夠了。所以首要的迫切任務是
後者，談論「共同事業」還為時尚早。此外，九〇年代，當索洛維
約夫對自己的神權政治烏托邦感到失望，從宗教社會活動回到理論
哲學領域之後，就不再認為關於現實方案的思維具有很大理論價值
了。從費奧多洛夫方面，則對索洛維約夫後來著作之宗教形而上學
性以及其中只有思想沒有以人類共同理性改造自然力的方案而深感

------

❸　同❹，c. 106.

失望，彷彿索洛維約夫將「共同事業」學說之「新酒」倒入抽象思辨的舊瓶之中。

第五節　晚　年

1898年9月15日，魯緬采夫博物館館長批准了年近古稀的尼古拉·費奧多洛維奇的退休申請。申請是半年前提交的，此間館委會、同事和讀者曾一再挽留。甚至在費奧多洛夫離去數日後，幾乎全館人員還聯名寫信請求他回來：「多年聽您指教，於今館裡沒有您，我們和讀者無不深感孤立無援……謹望您不要拒絕我們大家的共同請求，回到我們中間，一如既往地重做我們在圖書館業務中的無可取代的領導……❷」

彼得松在1899年3月19日致科熱夫尼科夫信中解釋了費奧多洛夫堅持退休的原因：「圖書館找書的工作相當繁重，他一日寫信給我說，他的有生之年不多了，這不多的日子他應當更有意義地度過。您會發現，離開博物館後他會做更多事情」❸。

的確，費奧多洛夫的晚年是成果卓著的五年：《共同事業的哲學》第二卷和第三卷（尚未出版）中的所有篇章實際上都是這幾年之內寫成的。主要的是，繼〈關於博愛或親……〉之後，他再次試圖完整地概述自己的學說，這就是〈超道德主義，或普遍綜合〉(Супраморализм, или Всеобщий синтез)一文，其中將自己的思想濃縮於十二個「復活問題」(Пасхальные вопросы) 之中，彷彿一種新的基督教《福音書》。

---

❷　Там же, с. 112.

❸　Там же, с. 114.

　　年邁的費奧多洛夫依舊保持著原有的生活方式。雖有些年老體衰，但精力仍然旺盛。不幸的是，有一次，在寒冬臘月的一天，他在友人的逼迫下改變了舊習，脫掉常年不變的單衣，換上皮大衣，而且坐上他從不肯坐的馬車。結果卻得了感冒，進而發展成嚴重肺炎，經醫治無效。就這樣，尼古拉・費奧多洛維奇在一所貧民醫院不幸病逝，時間是1903年12月15日。享年七十四歲。

　　據科熱夫尼科夫言，在生命的最後時刻，費奧多洛夫所說的話沒有一句是關於他自己、自己的病和死，而都是關於「事業」……這就是他的最後遺訓。

　　費奧多洛夫被安葬在莫斯科哀悼者修道院 (Скорбященский монастырь)公墓 （位於Новослабодская улица）。逝者之墓是生者緬懷的標誌。然而星移斗轉，時代變遷。這位思想家之墓在1929年被拆毀，夷為遊玩之地。這似止中了費奧多洛夫本人關於道德野蠻化的不祥預言，其徵兆之一便是「墓地變成遊樂場」，而「人子變成在先輩之墓地之上飲酒作樂的浪子」。

　　費奧多洛夫去世後，彼得松和科熱夫尼科夫立即著手將老師所有文稿整理出版工作。這是一項相當繁雜的工作。作者字跡細小、模糊不清，常常是在夜裡昏暗的油燈下用鉛筆寫在單頁紙或紙片上。所以要把先師的哲學遺產整理清楚和系統化，需花大量耐心細致的勞動。終於，在1906年，《共同事業的哲學》第一卷在沙皇俄國的遙遠邊區維爾內（Верный，今哈薩克斯坦首都阿拉木圖）出版，共印四八〇冊。遵先師囑託，所出之書「不為出售」。一些分寄往各圖書館，另一些給願收藏者無償拿去。第二卷是過了七年以後，1913年在莫斯科出版的。第三卷也曾準備就序，包括一系列文章和書信。但由於戰爭與革命風暴接踵而至，加之科熱夫尼科夫和彼得

松分別於1917年和1919年相繼去世，該卷未能問世。直到與第二卷
出版相隔八〇年之後，其部分內容發表於俄羅斯《哲學問題》
(*Вопросы философии*)雜誌1993年第1期。

第四章 「共同事業」學說之哲學特點

　　二十世紀初的某一天，在德國海德堡大學的一間教室裡，著名哲學家文德爾班(W. Windelband, 1848–1915)正在講述自己的關於決定論和命定論觀點。有一位來自俄國的青年學生 ❶ 忽然站起來提出疑問：

　　——如果一切皆為必然，那麼犯罪者是否應受到懲罰呢？他所做的一切不是必然的嗎？

文德爾班回答說：

　　——這與哲學無關，是法律學的事。
　　——那麼罪惡又是什麼呢？根本還有罪惡這回事嗎？
　　——那是宗教的事，不屬於哲學問題。
　　——您個人的意見又如何呢？
　　——如果您要聽我個人的意見，請到我家裡來；這個問題不屬於教室。

---

❶ 即斯傑蓬(Федор Августович Степун, 1884–1965)。他後來也成為哲學家，慕尼黑大學教授。

這個故事生動地說明了西方與俄國之哲學思維的一個顯著不同：西歐長於學院式的理論體系，而對俄國人來說，思想理論與實際生活是不可分離的。可以說，費奧多洛夫的「共同事業」學說便是後一種哲學思維的極端形式。

第一節　抽象理性之不足

費奧多洛夫學說對抽象理論的「鄙夷」是秉承了俄國思想所特有的關於理論知識之不完滿性的觀念。早在十九世紀三、四〇年代，老一輩斯拉夫主義者霍米亞科夫和基列耶夫斯基就開了批判西方抽象哲學之先河。基列耶夫斯基指出，黑格爾哲學在使理性發展到極限的同時，也表明了純粹理性之缺陷；對真理的認識不能局限於理性規律的邏輯發展，必然要求人的精神的「內在完整性」。霍米亞科夫則宣稱，西方哲學派別無論唯物主義還是唯心主義，都陷入了抽象的片面性；從抽象思想中不可能重建豐富生動的現象，單憑邏輯之路不足以獲得真理。此後，年輕的哲學家索洛維約夫進一步論證和發展了這一思想，展開了「抽象原理批判」。

《共同事業的哲學》作者沒有仿照西方哲學家的傳統做法，先以抽象概念構造一個本體論的世界圖式，然後在此基礎上營造出精致的哲學殿堂。費奧多洛夫原則上反對為世界存在設立一個確定結構。世界是混沌無序的還是具有合目的性的？

這個問題「靠哲學的抽象方法、單靠思維這一種資源是不可證明和解決的。哲學把自己定義為知識，進而承認自己是一種閒散的好奇心，由此勢必一無所獲，甚至也不能得到知識」。

　　所以，「若言確認世界現狀之中存在著完全的合目的性是荒謬的，則完全否認這種合目的性也同樣荒謬」。❷

　　因此，哲學之器官、純粹理性本身不能解決問題。只有創造活動、共同勞動，只有受高尚理想的激勵而進行實踐活動，才能通過對世界的根本改造而達到對世界的認識。在費奧多洛夫看來，絕對的知識在本質上只有在人類共同創造的世界中（而不是在外在於人的盲目自然界中）才是可能的。他喜歡援引亞里士多德（Aristoteles，西元前384－前322）的格言（為康德所重複）：我們只知道我們自己所造就的東西。一切外在於我們的客體的終極知識僅當該客體成為我們的創造物、進入我們所設定的結構、秩序之時，方為可能。這彷彿又回到了康德的先驗知識論問題。我們說，實際上，主觀與客觀、理論與實踐、知與行的問題，是哲學史上千古常新的難題，知與行之關係，無絕對孰先孰後之分，只應辯證看待。知行合一有其深刻意義。但完全否定理論之認識功能的「理論」本身，亦難免有自相矛盾之嫌。

　　那麼，照費奧多洛夫看，哲學理論學說終將何處依託呢？在演示了一切思辨方法都同樣有局限和同樣錯誤之後，他彷彿為自己的學說找到了一個更必然更可靠的依據，這就是對人自身之應有理想的道德體驗和內在體悟的絕對性。所以，「要擺脫消極的抽象思辨之絕境，唯有一條現實的事業之路」。倘若世界是無序的，其中必無確切知識，則我們就應當把世界引向有序，依此宗旨來擴展知識，強化力量。這已非思維一者、知識一者，而是與知識不可分離的事業了。

---

❷　Федоров Н. Ф.: *Сочинения*. с. 531.

　　由於對建造世界之抽象固定模式之法的不肯苟同，故而費奧多洛夫喜歡用「問題」式的風格來敘述自己學說。我們已知道，他試圖系統表述自己學說的兩篇長文，第一篇就是〈關於博愛或親、關於世界之不愛、不親亦即不和狀態的原因，關於復興親的手段問題〉；第二篇〈超道德主義，或普遍綜合〉則把自己學說濃縮為十二個「問題」。的確，對他來說，人生要遭受不測和死亡，這是極待解決的問題（而不是不可違抗的必然規律）；整個世界也是個擴大化的問題，它要待到充分調節的條件下才可能解決；關於世界的知識也是問題，一旦它具有自足的無可置疑性，就會變成僵死的教條。

第二節　「方案」哲學

　　從一般哲學類型上看，「共同事業」學說與那些在心與物之主從先後問題上爭執不休的唯心主義唯物主義等西方哲學流派確實大異其趣。這種學說是全人類在知行統一中追求最高理想的活動「方案」。所以在哲學本體論上，費奧多洛夫從人的觀點看待世界秩序。

　　但馬上就出現一個問題──人難道不是自然的產物、自然的一部分嗎？人何以有權做自然萬物之主？何以不「道法自然」，卻要按另一種原則生活？人何以應「制天命而用之」，欲將整個世界置於自己的意志之下？人又何以有如此勇氣與能力？

　　這大致有兩種原因。一是人的內心自由與自然之外在規律之矛盾。無論如何，自然規律不可能容許人有名副其實的絕對自由。且不說來自自然規律的種種限制與威脅，只「人必有一死」便是對自由的最大打擊。所以哲學只有無可奈何地承認「自由是對必然的認識」，或乾脆放棄自由與抗爭，「知其不可為」而安之若命，還要以

「道法自然」的「智慧」來自我安慰。只有宗教敢於以人的意志、理性和願望來統治盲目自然力,相信人的真正絕對自由之可能實現。所以,費奧多洛夫所以以人為核心看世界的另一原因是基督教世界觀。「義人」費奧多洛夫自覺不自覺地接受了基督教本體論——人似神,故人為萬物之靈、宇宙之心。此外,人還應當成為神的拯救意志的積極履行者。這些基本信念是不證自明的。

但費奧多洛夫與其他基督教思想家不同之處在於,其世界觀基礎來自基督教的「第一推動力」, 而其餘「上層建築」有許多世俗的、自然科學的、唯物主義的成分(這也是他與其他某些宗教哲學家產生分歧的主要原因)。誠如他自己所言:

> 「有兩種唯物主義,一者是屈從於物質的盲目力量的唯物主義,另者是支配物質的唯物主義——不是僅在思想中、遊戲中、辦公室或實驗室中,而是在自然本身之中,使自然受理性調節」。❸

這第二種改造性的唯物主義,「道德唯物主義」(Нравственный материализм)正是思想家自己的理想和信念。

實際上,這種「道德唯物主義」所強調的完全不是從物出發,而是恰恰相反,是要使物質世界服從於人的理性、意志,也就是符合道德。因此這近於唯心主義,尤其是近於索洛維約夫所主張的「實踐唯心主義」或「實踐理想主義」(Практический идеализм):

> 「不迴避現實中不道德的一面,不是對此視而不見,但不要

---

❸ Там же, c. 627.

把它們認作是絕對不變的和不可避免的。而應當在其中發掘那些真正應有的東西的萌芽和條件，依據已有的這些善的雖不完滿卻是真實的表現，來幫助善的因素得以保持、增長和取得勝利，藉此而使理想與現實日益接近⋯⋯」。❹

他還批評西方哲學僅把自己的任務局限於確定存在的一般原理及事物的永恆本質；他提出真正的哲學應當指出藉以克服知與行、目標與實現手段、理論與實踐、思想與現實之脫離的途徑和方法。這些都與費奧多洛夫的思想原則同屬一路，也是俄羅斯哲學思維的一個特點。

費奧多洛夫學說的基本出發點是應有的存在，而非我們所說的客觀實在。他不去關注和爭辯「世界是不依賴於人的意識的客觀實在」還是「宇宙即是吾心，吾心即是宇宙」，他沒有以精神的自我發展構造出世界過程，也沒有以「物自體」之不可企及而將人的認識界定在現象之域。在他看來，

「世界不是給人觀賞的，世界觀不是人的目的。人總是認定能對世界發生作用，能按自己的願望改變世界」。❺

這樣，費奧多洛夫拒絕了對世界的消極反映和抽象的形而上學，轉而確認世界萬物之應有秩序的價值，制定人類改造活動的方案──他認為這正是哲學中的根本變革的意義所在。

---

❹ Соловьев Вл.: *Сочинения*, в 10 томах. Т. 9, Спб. 1913. с.42.

❺ 同❷, с. 427.

「僅被理解為思維的哲學，是尚處於童稚時期的人類的作品
……把哲學理解為不是純粹思維，而是事業之方案，這才是
走向成年」。❻

費奧多洛夫對哲學和科學的不同任務作了劃分，這在當時俄國
思想家中也是一種常見現象。眾所周知，十九世紀為科學昌明時代，
由科學技術進步所帶來的工業革命產生了巨大的物質後果。受此影
響，西方曾出現並盛行試圖將哲學歸結為科學的機械論和實證主義。
俄國思想界對此則產生了三種不同反響。一是追隨西方實證論，產
生了俄國實證主義流派，欲拋棄哲學或以實證科學方法取代哲學，
卡維林 (К. Д. Кавелин, K. D. Kavelin, 1818–1885) 就是此派之代
表；二是拒斥科學技術統治下的工業文明，嚮往生活的古樸、純真。
托爾斯泰便是如此；三是不否認科學的作用，但又強調科學有其自
己的界限，不能取代哲學。費奧多洛夫與索洛維約夫都屬此類。費
奧多洛夫寫道：

「哲學是對應有之物的認知，它是所有人都有的活動計畫；
而科學所研究的是實有，僅提供行動手段」。❼

這樣，哲學就當是對存在之應有秩序的積極規劃。

在費奧多洛夫的哲學思維領域，不僅有能動的意志因素，而且
有感覺成分。他寫道：「假如本體論不僅僅是被思想的，而且是被
感覺的，那麼就不應當把它同應有學(Деонтология)分割開來，亦

---

❻ Фёдоров Н. Ф.: *Философия общего дела.* II, c. 178.

❼ Там же, I, c. 546.

即不該把實有與應有分開」❽。在這裡，理想不僅僅是與行動意志不可分的思想，而且是受心靈感受所指引的思想。對實在的知識、對真理的認識、本體論，最終都應服務於應有學，服務於應有者，亦即善。他說：「真理只是走向善之路」。這樣，在人類最高價值體系──真、善、美之系列中，他把善，即事物的應有秩序，提高到了較真理或世界之現狀更高的地位。這接近於索洛維約夫的一句格言──「絕對者通過真理在美中達到善」。

在「共同事業」學說中，哲學理性概念被代之以方案。方案是理論理性與實踐理性之綜合的結果；方案是應有之現實化的第一步，是使應有變為現實的第一步，是通往行動的橋梁。

> 「在我們消極經驗中的現有世界，只是藉以實現我們思想觀念中的世界的手段的總和，這種感性世界之外的觀念世界對我們來說是更本質的；但它的實現或重建應當是內在的……」。❾

所謂「內在」的實現，即是在現實的物質世界中真正實現，而不是「先驗」的實現，即在宗教的「彼世」或哲學的「理念世界」抽象的實現。

這種世界之應有狀態、方案的實現，只能是以全人類的共同行動改造整個世界的結果。「客體……是全部自然界，亦即推動著生與死的盲目力量」，而主體是一切人，「學人和非學人，他們應當構成知識與事業的總主體」❿。這樣，「共同事業」學說是一個「總的

---

❽　同❷，c. 161.

❾　Там же, c. 298.

❿　Там же, c. 478.

主體對完整的客體（即整個地球⋯⋯整個太陽系⋯⋯整個宇宙）的共同作用的方案」**⓫**。這是一種包容一切的最高理想：號召無一例外的一切人去從事涉及一切人的共同事業。這是一種完全意義上的「集體主義」思想：「大家為大家而共同生活」，來共同對付大家無一例外所共有的天敵——自然災害和死亡。

第三節　人類宇宙論

　　自從蘇格拉底將希臘哲學從自然研究為主轉到重人事倫理之後，在歐洲哲學傳統中彷彿就產生了自然哲學與道德哲學兩者各行其道之勢。於是有了自然中心論與人類中心論之劃分與對立。基督教世界觀便是一種徹底的人類中心論——地球為宇宙中心，人則成為地球中心。而費奧多洛夫從人對自然宇宙之特殊意義這一基督教觀念前提出發，實現了人類地球中心論到人類宇宙論的轉變。他既強調人作為唯一有思想的宇宙存在物，是整個世界的主人和改造者，同時又承認人亦非某種獨立自主之物，人的道德理想受自然和宇宙演化之命運的制約。這種人類宇宙論區別於自然本體論，即以自然宇宙為本，人只是其中的消極被動的部分，即便有一定的能動性與力量，也終究難逃自然之律；這種人類宇宙論也不同於主觀唯心論，即主體自我包容世界，「萬物皆備於我」，為我而存在，我是超然物外的絕對價值。人類宇宙論所講的是，其一，人在宇宙進化之中，故人的價值不可能是絕對自足的，人的道德也要依賴於自然；其二，人又是超越自然之物，人負有改造自然的使命和具有改造的力量。所以，這種人類宇宙論也就是我們後文中所講的能動進化論。

⓫ 同**❻**，Ⅰ，c. 426.

　　從這樣一種人類宇宙論出發，在「共同事業的哲學」中，善惡的根本問題不在純粹人性之中，而是與自然緊密相關的。沒有本體論上的性本惡，惡的現實存在是與自然界之盲目力量、與死亡相關的，惡只是世界的缺陷和不完善，而非存在的本原之一。反對惡就是與自然之偶然性、非理性、盲目性、「墮落」性作鬥爭，就是把整個世界變成合目的的、「自覺的」、負熵的過程。費奧多洛夫指出世界觀的兩種歷史類型：一是印度與德國的哲學和宗教——泛神論，亦即以惡作為構成存在與生命的必要條件的學說。故此消除惡的唯一手段就是消滅生命和存在自身；另一種是斯拉夫民族的世界觀與生活觀——不以惡為存在和生命的必要條件，而把與惡作鬥爭作為歷史存在之目的。

　　的確，憐憫、寬恕、普遍拯救——這些俄羅斯精神的典型特徵，都與不認為人性本惡的觀念有關；索洛維約夫的道德哲學不是善惡鬥爭，而是「善的證明」；惡只是善的不完善狀態；托爾斯泰的「不以暴力抗惡」學說，其論據之一是一切惡人皆有棄惡從善之可能，沒有絕對的惡人。

　　費奧多洛夫的特別之處在於，他沒有把一切道德律都局限於人際關係之域，而是看到了人的道德原則及其勝利對物質自然秩序及其自覺把握的直接依賴性。可以設想，假如地球上的人類經過世世代代的勞動、痛苦和犧牲而實現了最高道德律，即建立了一個以公正、友愛等道德原則為基礎的社會，這種社會可以培養出完善的、和諧的人，然而，這些完美的人、這種實現了最高道德律的社會，仍將是未被駕馭的盲目自然力的犧牲品。人愈偉大，人的精神愈精致，則他對病與死的依賴性就愈使他痛苦不堪；即便是社會本身，帶著人類千百年來創造的一切物質財富和文明成果，也可能在地球

或宇宙的一次自然災難中毀於一旦。所以，道德不完全取決於人的內在良心，而且依賴於一定的物質條件。中國古人講「倉廩實而知禮節，衣食足而知榮辱」，也是說社會道德不僅在於人自力的修身養性，還要受外在物質因素影響。當然，這絲毫不是在貶低內在道德修養的必要性。

托爾斯泰主張人的行為要服從「內在理性」而不是外在信條，他反對教會的強制和生硬的教義條文，而強調每個人的內在道德修養是社會道德的決定因素。費奧多洛夫說這種道德理想之所以不能實現，正是由於存在著強迫作惡的外在力量，這就是造成淘汰和死亡的盲目自然規律。

理想主義者費奧多洛夫的哲學所關注的問題確實不同於以往的自然哲學、認識論或社會哲學、道德哲學。他彷彿站在更加宏偉的宇宙發展之高度進行哲學思考，所以其哲學基本問題是制約一切的關於生與死的自然問題。他要「把貧困問題（人為的、社會的貧困化）代之以生死問題（自然的貧困化）」⑫。人們習慣了各種形式的彼此之間的窩裡鬥，卻忘記了所有人共同的主要敵人。

　　「誰是我們的共同敵人，這個唯一的、無時無處不在的、在我們身內和身外的、同時又只是暫時的敵人？這個敵人就是自然。當我們還軟弱無力、尚未成為它的意志之時，它是一種強大力量，當我們缺乏理性，尚未給它賦予理性之時，它是一種盲目力量……當自然在人子手中由盲目的破壞力變成重新創造的力量之時，這個暫時的敵人就會成為永遠的朋友」。⑬

---

⑫　同❻，Ⅰ，c. 402.

對於費奧多洛夫來說，主要的貧困是自然的貧困，即人的生命的根本無保障；而在人被賦予的短暫一生中，又存在著健康的無保障。

這並不意味著這位俄國思想家否認社會公正：他明確指出，必須把貧困問題包括在更寬泛的生死問題之中。因為這第二個問題所涉及的是普遍的、全人類的貧困，這是任何百萬富翁和尊貴的國王也無法挽救的，他們在自然進程面前也像乞丐和奴隸一樣無能為力。只有共同致力於普遍調節才能戰勝這些力量。所以，在他看來，為爭取人的本體論自由、為使人擺脫對毀滅與死亡的依賴性而進行的鬥爭，較之一切其他鬥爭，譬如社會鬥爭或政治鬥爭，更具有本質意義。因為前者不會把人分化成個體或集團、多數和少數，因而不會造成彼此對抗與紛爭，而是相反，把人們團結起來反對共同敵人，這樣，就會帶來世界和人的本質在最基本水平上的和諧化。

第四節　獨特的範疇

一般哲學史上常見的概念範疇有存在、理念、意識、物質、經驗、知識、主體、客體等等；現代存在哲學家又把一些主觀情緒化的範疇引入形而上學，如畏、煩、衝動、惡心等等。費奧多洛夫與此二者皆異，在他「共同事業」學說的敘述中包含了一些獨有的核心詞語—範疇：「學人」(Учёные)、「非學人」(Неучёные)；「親」(Родственность)、「不親」(Неродственность)；「人子」(Человеческий сын)、「浪子」(Блудный сын)；「成年狀態」(Совершенолетие)、「未成年狀態」(Несовершенолетие)。在他的「方案」中還有這樣一些重要詞組：具有復活意義的博物館 (Музей)、

⓭　同❷，c. 521.

學校—博物館(Школа-музей)、學校—教堂(Школа-храм)等。具
有重要意義的還有被他賦予新義的基督教概念和偶像:「三位一體」
(Тройца)、「教堂外彌撒」(Внехрамовая литургия)、「復活節遊
行」(Пасхальный ход)等等。

　　費奧多洛夫提出,世界上最主要的分化不是貧富分化,而是思
想與事業的脫離,「學人」與「非學人」的分化。這種分化「較之
貧富分化來說是一種更大的災難」。它把原始的親的共同體分裂成
兩個領域:一是思辨理論的、紙上談兵的領域,另一個是機械勞作
的、缺乏精神性的實踐領域。這是一切分化中的最大不幸,必須在
未來進行富有成效的結合,即重新結合。他認為,從純粹的分化方
面看,「學人」之主要過錯在於他們對世界的消極直觀的、理論認
識的關係。這種關係的直接後果就是世界成為表象、成為虛構。而
大部分「非學人」則對世界有另一種關係,他們以自己的實踐勞動
直接介入了世界的絕對物質實在之中。

　　「人在本質上是活動者;正是野蠻人把自己和世界想像為應
　　有的樣子,亦即將自己看作是能動的,將世界看作是活生生
　　的」。⓮

但「非學人」在世界中的作用具有狹隘的實用主義之弊。應以知識之
光明和最高目標之鼓舞來賦予他們以更廣闊的創造天地。這正是「學
人」的重要職責。雖然「學人」的存在本身就是「不親」的表現,但
他們有義務也有能力重建世界之親,最終解決世界的分化問題。「在從
道德觀點理解的歷史上,城市階層從鄉村階層、學人階層又從城市階

⓮　Там же, с. 88.

層劃分出來，不能有其他意義，而只意味著臨時差遣……」。這種「差遣」之目的就是制定改造世界的「共同事業」方案。「學人」與「非學人」、 知識與事業、理論理性與實踐理性的對抗，只有在「共同事業」之進程當中才得以克服，在這一進程中大家無一例外地共同參加對世界的認識和調節。

「不親」—— 是費奧多洛夫對整個世界之現狀的深刻描述。「不親」表現為相互排擠和鬥爭。「所謂不親狀態，我們指的是一切經濟—法律關係、等級劃分和民族間的紛爭」❺。這彷彿是在重複一切社會烏托邦主義者的古老願望 —— 通過實現團結友愛而走向人間天堂。但實際上並非全然如此。「不親」在費奧多洛夫這裡不僅僅是對人際關係或社會關係世界的否定性的規定，如霍布斯 (Thomas Hobbes, 1588–1679)所言「人對人是狼」，而且是一個倫理宇宙論的範疇。「不親及其根源充滿了作為盲目力量的和未予理性指導的整個自然界」。「不親」是以互不相容和分化原則為基礎的自然存在秩序的內在本質，這種自然秩序使我們成了「新老更替這種淘汰法則的工具」❻。

在常人看來，新老更替是不可抗拒的自然法則，這是類的生命的延續方式，至於其中所包含的個體的毀滅，也是千古不變的規律，個人對此只能安之若命。人們對此如此習以為常，乃至若有誰想違抗此律，就被認為是幻想家或神經病。費奧多洛夫則從具體個人的願望、情感與道德出發，把這種自然規律看作是宇宙存在的不合理性，並把改造這種不合理性作為全人類歷史的「共同事業」。而且，與那些關於平等博愛的溫情主義的宣傳家們有所不同，費奧多洛夫

❺　Там же, c. 63.

❻　Там же, c. 67; 66.

懂得，「不親的根源不是隨意變幻的，只靠言辭不能消除，單憑願望不足以消滅不親的原因；為此必需知識與事業的共同勞動，因為這是一種生根於人之身內身外的痼疾，不可於瞬間治癒」**⓱**。這位思想家首先號召共同研究「不親」的原因，然後再致力於消除它們。由於不親是存在本身的根源之一，是構成存在的「不應有」的結構，所以研究不親的原因就等於研究這一結構本身和進行消除不親的嘗試。「親」──不是偉大的道德律令，而是靠行動、靠事業來達到的，首先是知人知己即認識人的生理及心理本質的事業，然後是知世界的事業，最後是完成調節與復活的事業。

　　在費奧多洛夫的獨特眼光中，人不是具有自我目的和自我價值的自由個人，人首先是「人子」，即為人之子。否則就是「浪子」。不忘父，積極加入復活祖先之「共同事業」的人，就是「人子」；「人子」應具有為子之道或「孝」(сыновство)，忘記「孝」，忘記對父的義務，只追求自我享樂的人，就是浪子。以父養育子來維繫的社會，只是人類的「未成年狀態」，只有當社會從父養育子過渡到子復活父的時候，才開始人類的「成年狀態」。

第五節　烏托邦與理想主義

　　在古今哲學家思想家之大家族中，費奧多洛夫當在烏托邦主義者或理想主義者這一譜系中占據一席之地。他常被與傅立葉(Cherles Fourier, 1772–1837) 一類空想社會主義者相提並論──他們都超越現實地描繪了自己理想中的社會生活藍圖。但有所不同的是，這位俄國思想家的學說不是社會烏托邦，而是「宇宙烏托邦」。

⓱　Там же, с. 63.

他的「方案」所追求的不僅僅是某種理想的社會制度，而且是全部自然界、整個宇宙的應有秩序。如果說其他某些烏托邦主義者的思想基礎是建立公正、平等、友愛、幸福的人類社會這一永恆理想，那麼，費奧多洛夫的「方案」的思想動機則是一種更大膽的理想——完全把握生命奧秘、戰勝死亡，在改造了的世界上使人具有似神的能力。

「烏托邦」(утопия)一詞係拉丁語"Utopia"之音譯，源於希臘文"ou"（無）和"topos"（處所），意即「烏有之鄉」。當初英國學者托馬斯・莫爾 (Thomas More, 1478–1535) 在 1516 年出版的一本書中描繪了一個公有制、無私產、人人勞動、按需分配的理想社會，他把這樣的未來社會稱作"Utopia"（烏有之鄉）。後來，「烏托邦」一詞被用以泛稱那些不能實現的設想、計畫，成為「空想」、「幻想」的同義語。於是構想未來社會烏托邦的人被稱為「空想社會主義者」。

我們認為，就社會政治而言，「烏托邦」式的空想固然不可取，甚至大有其害，事實已再三證明；然而從哲學思維的角度看，「烏托邦」思想家所側重的不是對結果的異想天開，而是思維過程本身，這是一種特殊的理想主義思維方式。烏托邦論者思想的發生和進一步發展的動力都是理想。在這種人人具有的「理想思維」中，包含著一種獨特的認識方式——不是作為現實的反映，而是成為改造現實的方案。在這裡，由因到果的消極客觀進程被代之以由最高目的到實踐的頑強追求；直觀反映讓位於行動方案。「遵照理想」的思維是遵循目的、遵循最高幸福的思維。終極目的即是世界萬物之應有秩序的頂峰，也是其理論構造的出發點。

俄國社會思想家普列漢諾夫 (Г. В. Плеханов, G. V. Plehanov, 1856–1918) 在批評法國空想社會主義者聖西門 (C. H. de Saint-

Simon, 1760–1825)及其同類的社會烏托邦主義者時,論述了一個深刻的觀點。一般看來烏托邦主義者彷彿是誇大理想,而普列漢諾夫恰恰指責他們對理想沒有充分的信仰,情願屈從於「合法的天命」,屈從於事物的自然規律。因為他們「把規律同人們改造這一規律之作用的願望對立起來。一旦人類有了這樣的願望,則這一願望本身便構成人類理智發展史的一個事實,於是規律應包含這一事實,而不是陷入彼此衝突」❽。按照這一觀點,我們應當在費奧多洛夫立場中看到具有合乎理性規律的「人類理智發展史的事實」。

在某一具體的理想主義哲學家心中產生的作為認識最高目標之工具的理想,總是在某種程度上反映世世代代人的共同願望。在這種理想的底處往往是人類深層的潛意識。按照瑞士心理學家榮格(C. G. Jung, 1875–1961)的術語就是「集體潛意識」,它與個人潛意識不同,是一種經過人類的世代追求而沉積於人類文化和心理之中的「客觀潛意識」。 費奧多洛夫所表達的人類「潛意識」較之社會公正、普遍幸福的願望更深一層,他要消滅那威脅著人世一切幸福之樹,使之凋零、枯萎的蛀蟲 —— 死亡。

烏托邦 —— 烏有之鄉。實則並非絕對「烏有」,它不在外部,而在人的心靈深處。「應當懷有理想」—— 這不是鼓動人們在甜蜜的夢幻中虛度時光,而是要喚起只有人才擁有的規劃未來的能力。必須自覺把握理想,這種對理想認識方法的高度重視,是和要把理想作為無益的幻想加以消除的狹隘功利主義觀點相對立的。

人類在幾千年歷史上,通過體力和智力勞動所創造的一切,當初都曾是人的理想,只不過此理想在與現實的衝突中不斷修正自身。

❽　Плеханов Г. В.: *Избран. филосов. произведения.* в 5-т.Т. 1, М., 1956, с. 541.

在任何一種烏托邦觀念中，一般都包含兩方面：願望本身及其變為現實之路。後一方面往往是薄弱環節。許多沒有正確反映社會歷史客觀進程的個人信念和普遍規劃都不可避免地遭到悲劇命運。然而也有許多理想，其核心觀念往往提供了未來現實的若干萌芽。值得注意的是，費奧多洛夫本人並沒有把自己的自然調節和復活先輩的方案看作是烏托邦，而是當作一種最徹底的「作業假說」——這是一種前所未有的關於應有世界的假說。這種方案假說要求人類全部歷史經驗和宇宙實踐的檢驗，而不是單憑某段局部就可證明或證偽。這裡，我們不妨再次回顧托爾斯泰對費奧多洛夫學說的那段評價：「從哲學觀點看，他的學說是正確的，它正確地給人類提出了這樣的任務，此任務只有放在時間的無限延續之中方能完成」。

第五章 認 識

　　從古至今，彷彿沒有哪一門學科像哲學這樣，其自身定義和研究對象問題還一直爭論不休；不同哲學類型和流派的哲學定義往往大相逕庭。哲學可以是一門「最普遍的知識」，一種「關於世界觀的學問」，其基本問題是世界本原問題、知識的客觀性（真理性）問題；哲學也可以大於「知識」、「學問」，大於對世界的「解釋」，其基本問題是「人的生命與世界存在的目的和意義」問題❶。如果說傳統的西方哲學較為傾向於前者，那麼十九世紀以來的俄羅斯傳統哲學則更具有後一種意向。

　　由於對哲學本身理解的巨大差異，使得一些哲學家往往要從對前人的批判開始自己的建樹。但費奧多洛夫的思想之路不同於笛卡爾的「懷疑」，也不同於康德的「批判」，因為他並不屬於嚴格的西方意義上的「哲學家」，而是從自己的立場批判所謂「哲學」。

第一節　哲學批判

　　十九世紀末正值康德哲學和新康德主義在歐洲盛行的時代，康德的批判哲學彷彿成了「基督教所期待已久的最後審判終於來

---

❶　Соловьев Владимир: *Сочинения* М., 1988, Т. II, с. 140.

臨」， 而「歐美知識界都承認這種審判是公正的，至今未對其判決提出抗議」 ❷。但在費奧多洛夫看來，這是由於西方受到「康德的桎梏」。 首先，康德哲學之局限在於把理性存在物看作是單個的、無活動的、在時空上有限的。費奧多洛夫則從人類宇宙論觀點出發看待人，在他看來，如果說宇宙在時空上有界限，那僅僅是因為其中沒有能動的理性，而理性存在物之局限在於其沒有活動或缺乏強力。

> 康德把心理學獨立於宇宙學，這在事實上（在現有狀況下）是正確的。然而屈從於事實就是一個巨大缺點！宇宙需要理性才成為宇宙（和諧有序）而不是現有的混沌；而理性存在物需要強力。宇宙（現狀而不是應有）是缺乏理性的強力，而人（暫時）是缺乏強力的理性。怎樣才能使理性具有強力、強力成為合理呢？強力只有在理性、知識的支配下才能成為合理的。 ❸

其次， 「康德哲學之錯誤與局限在於否認或不承認共同事業」。純粹理性圍於狹窄的牢獄，只是關於此岸現象的抽象判斷，不能進入「自在之物」， 這就使理性陷入不可知不可見的永恆黑暗境地；實踐理性則更為不幸，只勸導人從善如流，卻沒有消除惡的責任；只能給人解決些細稍末節問題，卻沒有指出偉大的共同事業。而不承認共同事業，單憑孤立個人的活動，是不足以消除惡的。

---

❷ Федоров Н. Ф.: "Страшный суд филосории." — *Сочинения*, М., 1982, c. 533.

❸ Федоров Н. Ф.: "Иго канта." — Там же, c. 535.

但康德所帶來的最大不幸是把理性一分為二，亦即承認這種分化是永恆的、不可消除的。認識理性注定走向不可知，而實踐理性必然導致單獨行動，即把能動性限於個人瑣事。前者不能達到真理，後者也不能達到善。❹

第三，康德哲學的範疇，除時空等範疇的不足外，在於沒有提出「死」這一範疇。

「批判哲學」之最大缺陷應當是沒有引入或確切地說是忽略了「死」這一範疇。「批判哲學沒有指出，全部知識範疇之共性是死，而全部行為範疇之共性是不死（或走向不死之路）」。正因為如此，理性才獲得了即非主觀亦非客觀的意義，而是方案的意義。這種制定方案的能力將理論理性和實踐理性結合起來。❺

費奧多洛夫說黑格爾哲學的許多「正題」、「反題」之綜合看似泛邏輯主義，實則是反邏輯主義，不能達到絕對真理。而「要使泛邏輯主義成為真理，使一切都由思想、理性來指導，就需要共同事業」❻。因此他提出將黑格爾邏輯學之框架予以改裝的設想：把絕對觀念的發展換成事業，將主體換成進行思想和活動的人，把三段論加以首尾倒置：原有第一階段「存在」變成「再存在」（重建），從而成為終結；原有第三段「概念」變成「方案」，從而成為開端，

❹　Там же, с. 536.

❺　Федоров Н. Ф.: "О категориях канта." — Там же, с. 544.

❻　Федоров Н. Ф.: "Панлогизм или иллогизм? " — Там же, с. 546.

而中間之「本質」變成「實現」， 即認識了存在之本質以後便可以由果知因，由現象知動力，從偶然到必然。

假如黑格爾的精神哲學是事業哲學，則《精神現象學》作為感性知識向理性知識的過渡，就會成為消極向積極的過渡，其中一切生理學過程及構成人類學對象的一切現象，就會通過理性認識而受意志支配；生理學就會從屬於心理學，這樣，精神就確實成為凌駕於主觀性之上的客觀嚮導。

倡導超於善惡之外，在費奧多洛夫看來，這是尼采的偉大功績。尼采否認作為道德之本體的善惡的存在，這與費奧多洛夫的宇宙學倫理觀是一致的：善惡只是對人調節自然過程的能力大小及宇宙受理性支配的程度高低的判斷。但尼采沒有進一步走入這一更廣闊天地。尼采也感覺到對人來說必須有一種更高的東西，於是他提出「超人」說。但「超人」並無本質上的超凡之處，與其他同類並無根本差別，這種差別並不像想像的那樣巨大。就像浮士德一樣，發現自己與其他所有有死的東西有一點小小不同，尼采就把這微不足道的差異當作超人的巨大優越性。然而，

> 人的超越之處不應是高於同類存在物，而是高於盲目的、不合理的、有死的自然力量。而醉心於自由與權力的尼采對這種自然力量則漠然置之。他在竭力渲染超人對侏儒的優越之時，卻未注意共同的強敵——自然的死亡。他號召與同類戰鬥，卻沒有呼籲同死這種萬惡之源作鬥爭。 ❼

---

❼　Федоров Н. Ф.: "Произвал — творец учения о невольных возвратах." — Там же, c. 555.

　　雖然從外部看來，費奧多洛夫在認識論上與實證主義原則有相近之處，他也承認，實證主義在對知識的批判上，在斷言知識不能根本解決問題上，在對「形而上學」的拒斥上是正確的，但他又立即指出，實證主義也像形而上學一樣，仍然是以理論理性與實踐理性之分離為基礎的，仍然沒有行動、沒有共同事業作為證據。所以實證主義仍然是形而上的經院哲學之變種，實證主義者也依舊是一個學派，而不是研究世界「不親」之原因並制定共同事業之方案的委員會。此外，實證主義只居功於劃界和否定，而不去肯定和進取；只否定神話和幻想的東西，卻不致力於以真實的東西取而代之。

　　還有一種流行的進步理論。按照俄國歷史學家、社會學家卡列耶夫(Н. И. Кареев, N. I. Kareev, 1850–1931)教授的定義，

> 「進步就是一般人的發展水平之漸次提高。在這個意義上，進步的原型是個人心理發展，這種發展不僅是可察覺的客觀事實，而且是意識的主觀事實：於內在經驗中意識到知識逐漸增長，思想逐漸明晰，思維水平不斷改善和提高；這一個體心理學事實會在集體心理中重複出現，於是，全社會成員便都產生了自己較前輩的優越感」。❽

費奧多洛夫特別反對這種進步論。他首先指出，這種優越感會導致年齡利己主義。因為社會由長輩和晚輩、父母和子女構成，按這種進步規律，晚輩不僅對逝世的祖先，而且對在世的長輩都會產生優

---

❽ Федоров Н. Ф.: *Сочинения*, с. 75–76. 費奧多洛夫引自Кареев Н. И. *Основные вопросы философии истории*, М. -СПб, 1883–1890, Т. 2, Кн. 4-Гомология прогресса.

越感。假如長輩對晚輩說：「你要長大，我要老了」，這是善意，是慈愛；若相反，晚輩對長輩說：「我要長大，你該行將就木」，則這種優越感不是愛，而是恨，是「浪子」之恨。

其次，這種以個性發展、個人自由為目的的進步不能帶來團結友愛，而只會導致分裂鬥爭。此外，這種進步不能提供生命的意義與目的，因為，在費奧多洛夫看來，只有表達最高的愛與敬的東西才能提供生命的意義，而這種進步論主張晚輩對長輩的批判關係，並直接反對復活。總之，這種進步理論沒有內在聯合和外在的全人類共同事業，因此只是一種自然現象，顯示不出人與物、人與獸的根本區別。而真正的進步，其目的應當是使一切人參與共同事業──認識和改造那些帶來飢餓、瘟疫、死亡的盲目力量，進而達到天隨人願。

第二節　共同認識

費奧多洛夫堅決反對哲學作為認識論、作為消極的純理論知識。他稱此類哲學是「未成年的屬性，是脫離現實事業的虛假作業」❾。他所理解的哲學應當是對現實的積極改造，應當是有積極實效的方案哲學，亦即「共同事業」學說；他建議哲學家要從事該做的事業──研究世界不親不和狀態之原因，尋求重建親和關係的辦法。這樣，他也宣告以往哲學的終結和「事業」哲學的開始。

「事業」哲學不容許將認識僅僅局限於純思維，而認為只有通過全人類的積極活動方能獲得。知識靠事業來證明，思想來自行動，只有在行動中才能認識真理。也就是在知行關係上主張行先知後。

❾　Федоров Н. Ф.: *Философия общего дела.* II, с. 3.

「只有在做、在實現某種東西之時，才能理解它」❿。

　　在關於認識的學說上，費奧多洛夫是典型的俄國思想家。一般說來，俄國哲學對認識的理解，總是道德動機高於形而上學的理性動機；認識總是完整精神的認識，而不是抽象理性的認識。從斯拉夫主義者到索洛維約夫再到二十世紀俄國宗教哲學家，莫不強調這一特點。只是費奧多洛夫表現得更為極端。他宣稱自己的認識論是與古希臘的「認識你自己」的思想勢不兩立的。他認為，誰從認識自己開始，誰就已經拒絕了親與孝。「認識你自己——就是說，別相信父輩（亦即祖傳），也別相信兄弟（亦即他人的證據），只信你自己，只知你自己」⓫。

　　與這種個人主義的、利己主義的認識論相對立，費奧多洛夫提出認識的孝道、友愛和共同性原理。這首先要求的不是「認識你自己」，而是「要彼此認識」；在認識事業中，也要像在其他事業中一樣，要做不忘親情的父之子。能夠認識真理的不是從自己開始起步的自主的孤獨的人子，而是記住先輩遺訓的、與大家一道認識和為了大家而認識的人子。

　　在笛卡爾 (R. Descartes, 1596–1650) 的著名格言「我思故我在」中，費奧多洛夫也看到了一種惡的個人主義和對親的否定。因為笛卡爾是從獨立自主的自我的思想出發的，這一思想不依賴於任何東西，也不與任何東西相聯繫。他對笛卡爾的這一出發點作了雙重反對：首先反對笛卡爾通過思想證明自己的存在，而不是通過行動；其次，反對笛卡爾通過孤立的個人、通過個人的自我確立來證明這一點，而不是通過親的、愛的統一。

---

❿　Там же, с. 88.

⓫　Там же, I, с. 46.

這樣，費奧多洛夫認為歐洲哲學之根基本身就已經墮落。全部近代哲學都是叛父忘親的浪子所創造。

> 從利己主義的「我思故我在」中所產生的是無靈魂的知識，而只有從「我感到失落」中，從孤兒感中，才能產生追求統一、追求復活的願望，產生關於不親和死亡之緣由的知識……當人們緊密圍結、不僅有統一情感，而且在統一行動的情況下，「我思」就意味著我加入復活的共同事業。**⑫**

可見，在費奧多洛夫哲學之特殊認識論中，認識誕生於喪失先輩的失落感和使他們復活的需要，而不是出自好奇心和揭示存在之奧秘的願望。認識是與死做鬥爭。在這一哲學認識思想的深處，潛藏著俄羅斯精神對人類痛苦的同情心和對普遍拯救的責任感。當然，他對古希臘和近代歐洲哲學認識論的理解和評價未必十分正確與公允。

第三節　實證知識

在費奧多洛夫身上，俄羅斯之心的道德感壓制了理論知識的價值與意義。這使得他的知識學說具有實用主義和實證主義傾向。他曾激烈攻擊索洛維約夫重神秘輕現實，進而指出什麼是現實之路：

> 索洛維約夫不是把恢復現實的東西，而是把確立神秘的東西看作是最高的善；他為「語文」和哲學而離棄數理系（指索

---

⑫　Там же, c. 137.

氏大學期間轉系）不是偶然的，因為對他來說，物理學告訴
人們的現實力量較之神秘哲學和魔法所賦予人的虛幻力量來
說是微不足道的……只有當現實手段尚未出現時，神秘手段
才能被認可，而當今時代這種現實手段已經不少了，雖然它
們還應當更多：試圖調節氣象過程、降雨、冰電、雷電、極
光；試圖避免地震；試圖根除傳染病，扰拒機體衰老，最後，
試圖使機體復活……這才是一條現實之路，不是走向物質世
界的消滅，而是走向物質世界的完善，走向現實的復活，而
不是神秘的靈性化。⑬

費奧多洛夫宣揚一種行為的實證主義（相對於知識的實證主
義）。他說：「關於復活的學說可稱之為實證主義，但是屬於行為的
實證主義，因為按照復活學說，不是把虛構的知識代之以實證的知
識，而是把神話的虛構行為代之以實證的行為，也就是現實的行
為」⑭。這彷彿是一個唯物主義者對宗教神秘主義的批判。的確，
費奧多洛夫是十九世紀科學技術樂觀主義的典型代表，他甚至比任
何一個實證主義者都更相信實證知識的無窮力量。對他來說，死本
身只來自無知，戰勝死要靠知識和啟蒙；人們的友愛也依賴於知識、
知識的深度和廣度。他提出這樣的公式：「沒有啟蒙，就有死亡，
沒有知識，就有永恆毀滅，——別無出路」⑮。這種知識是指大眾
所掌握的實證科學知識。

顯然，這種知識觀具有科學萬能論的時代局限性和幼稚性。到

---

⑬ Там же, II, c. 180–181.

⑭ Там же, I, c. 26.

⑮ Там же, c. 631.

了二十世紀，接連出現的世界性的革命、戰爭、精神危機，向人類提醒了科學實證論的局限，使哲學又更多地關注人的內在方面、精神世界。在此，二十世紀俄國哲學家別爾嘉耶夫的思想與費奧多洛夫恰恰相反。費奧多洛夫視人的內在之路為自私自利的自我封閉，是逃避對大家的責任，是脫離親與孝；別爾嘉耶夫則把內在道路作為生命和自由之根本，因為只有內在道路能揭示出人的神性，走向精神王國和自由天地，外在道路只能帶來客體化和奴役。別爾嘉耶夫從人的精神來理解外部經驗，外部世界被認為是人這一微觀宇宙的一部分，他的哲學專注於人的內在精神現實，在人之內部揭示全部存在之奧秘。在他看來，精神體驗所揭示的現實更加真實，所以他說，費奧多洛夫關於自然調節的思想的深刻意義並不在於對自然的外部改造，而在於對作為微觀宇宙的人的自我意識的調節 **⓰**。

※　　　　　※

俄羅斯哲學的道德性與實踐性，在費奧多洛夫的認識與知識學說中達到了極端化，以至於否定了思想理論的自我價值和意義，這種實證主義和實用主義甚至達到功利主義地步。這裡也包含著明顯矛盾：他一方面相信知識的無限力量，認為知識具有調節自然、改造世界之任務，另一方面又認為知識本身無能動性，因而無意義，只有以知識為基礎的技術、行動才有價值和意義。他只把認識看作是實用工具，卻沒有看到，認識本身已經是一種創造行為，認識行為本身也是對世界的直接改造，它給存在帶來真理之光。因此認識也是創造，知識就是力量。

⓰ *Бердяев о русской философии.* Ч. 2, c. 63.

第六章　人

陀思妥耶夫斯基說：「人是一個奧秘。應當解開它。假如你一生都在破解這一奧秘，也不要說是浪費時間；我研究這個奧秘，因為我想做個人」❶。人的問題是俄羅斯思想家共同關注的主題之一。俄羅斯精神不喜好學院式的理論沉思，而總是迫切地要求對人與世界的實際改造。

費奧多洛夫以生命與宇宙之根本改造為宗旨的「共同事業」學說，也是與他的獨特的人類學分不開的。這種人類學表明他對人的本質與人生意義的非同一般的觀點，也反映了俄羅斯思想與西方近代人學的某種衝突。同時也可以由此看到科學進化論對哲學家的鼓舞。

第一節　直立狀態的意義

在〈平臥狀態與直立狀態 —— 死與生〉(Горизонтальное положение и вертикальное — смерть и жизнь)一文中，費奧多洛夫從發生學觀點出發，在人之為人的進化論初始狀態中尋找人的

---

❶ 陀思妥耶夫斯基：《書信選》，人民文學出版社，1986，第9頁（譯文略有改動）。

本質。「人的第一個獨創行為是他的直立狀態」。人是由自我超越行為亦即對自然的動物狀態的超越而產生的。人有兩次誕生 —— 自然誕生和自我誕生。

> 直立狀態已不是生命的賜予，不是肉體欲望的產物；它是超自然的、超動物的、要求對全部存在予以改造的行為；它已然是最原始的首創精神的結果，而且是進一步的創造活動的必要條件。❷

從俯身到站立，人在採取了直立狀態後，就可以看見一切，不論四周還是上下事物，從這種對周圍一切的觀察中尋找生活手段。在直立狀態下，人發現了天與地及其相互關係。農業生產活動便是這一認識的第一次應用。

直立狀態是人「起來反抗自然界」的第一次行動。費奧多洛夫認為，人的自我意識的產生也與此相關。直立狀態是反自然的，人正是在直立狀態下把自己和自然對立起來，於是產生了「自我」、「非我」以及「高於自我和非我之物」的觀念。❸

如果說「使用最簡單的工具已經使人站立起來」，那麼，在人的進一步自我創造過程中，勞動起了決定作用。費奧多洛夫十分強調原始人發現火的重大意義：「從此，人就開始了地上生活，人成為自然界中的這樣一種生物，其生命一旦出現，就已不再完全依賴自然力的各種組合」❹。人的勞動創造了與自然界相對的人為領域，

---

❷　Федоров Н. Ф.: *Сочинения*. с. 515.

❸　Там же, с. 520.

❹　Федоров Н. Ф.: *Философия общего дела*. Ⅰ, с. 126.

這一領域不斷擴大，進而成為人類自身生存和進一步發展的條件。

第二節 人是什麼

當人把自身同身外的自然界分離開來，思考人與自然的關係和人在自然中的地位和使命的時候，人是什麼就成為一個最古老的哲學問題之一。西方近代思想在此有兩種極端傾向，一是從批判中世紀的「神道」對人性的壓抑開始，強調人的自然本性，於是「人是環境的產物」，「人是機器」，「人是被動工具」，形成機械唯物論；另一方面，一些哲學家在研究人的認識問題時，強調了人的主體性，於是人的理性成為自然萬物的立法者，「自我」創造「非我」，「絕對觀念」創造世界，形成了抽象理性主義的唯我論。

俄國思想家一般不像西方人那樣經院式地規定人的抽象本質。他們的人論具有兩個鮮明特色，第一，由於其深厚的宗教傳統，他們對人的思考多在俄羅斯東正教的背景下進行，或隱或顯地包含著基督教─東正教觀念，強調的不是自然人的抽象本質，而是精神的人作為世界的核心和主宰的使命。例如索洛維約夫關於人是神性與獸性綜合體和人的精神實在性的觀點；第二，他們所考察的人不是孤立的個人，而是與整體、與社會處在不可分割的相互關係之中的人。因此他們多強調人的自由及其限度。例如霍米亞科夫關於「團結性」(соборность)和人的自由的思想。

費奧多洛夫則從兩個層次確定人的本質。一方面指出人的動物自然本質，人與動物具有親緣關係，但這並非根本本質；另一方面揭示人的創造性勞動本質，這才是具有決定意義的根本本質。這樣，與庸俗唯物主義和宿命論相對立，他指出人是通過勞動和意識創造

自身的，而且這種創造不斷擴大，人最終負有改造自身的自然一生物基礎和改造整個宇宙的偉大使命。同時，又與西方觀念不同，他強調這一偉大使命不是抽象理論的，而是行動，是事業，而且是「共同事業」。

人是什麼的問題，在最基本意義上也就是人與動物之差別何在的問題。西方宗教觀從神創論來說明人與動物、與世界萬物之不同，人是唯一似神的造物，故能成為萬物靈長。隨著科學發展和生物進化論的出現，在說明人的動物起源的同時，又產生了機械論和達爾文主義，前者試圖通過剖析人的生理結構來解開人性之謎，後者則突出了人也服從「物競天擇、適者生存」的天演論。費奧多洛夫的人論是與此根本對立的，卻與中國先儒的觀點有某些類似。「人之所以異於禽獸者」，非在其「二足而無毛」，而在於人有超越並制約其動物本能的「仁義」（《孟子・離婁下》）；「水火有氣而無生，草木有生而無知，禽獸有知而無義。人有氣有生有知亦且有義，故最為天下貴也」（《荀子・王制》）。

在人類學理論上，費奧多洛夫並不否認人類的動物起源，但認為這只是無實踐意義的經院學說。對於實踐哲學、「方案」哲學來說，則強調人與動物的質的差別，人對動物狀態的超越性。

> 關於人的動物起源問題，是知識的問題、好奇心的問題。而脫離動物狀態對人來說不僅是道德的必要，也是生理的必要。如果承認人與動物的親緣關係並不能保證人對動物生命的寬恕，那麼這種承認又有何實踐意義？它只能加深理論與實踐之間、人的理性與道德之間以及言與行之間的鴻溝。這種承認使人的地位更加虛偽。既然人只在理論上承認自己與動物

有親緣，卻不能把「勿殺生」之訓推廣到動物王國，更視「愛虎如己」為不可思議，那麼，人的這種言論就成為空談。❺

　　費奧多洛夫接著說，在這種情況下，說人是會說話的動物，就是一句「罵人話」，是對人格的侮辱，把人降低到動物狀態。「既然人不能承認自己完全來自動物狀態，那麼並非人的一切都是動物成分，並非一切皆為天生。」這就是人的非動物起源方面。「不僅人的靈魂在本性上是基督徒，如唯靈論者所言，而是整個人都是似基督者」❻。

　　動物的皮毛、食物、進攻和防禦器官都是天生，而人的存在則是理性的事業。人「力不若牛，走不若馬」，自然界沒有為人提供衣食武器，人只有通過勞動為自己的生存與發展開闢道路。甚至傑出才能也可以通過頑強的勞動來達到。費奧多洛夫說，應當承認，有才幹的人往往不是那些天賦本來很高的人，而是那些以勞動來培養自己能力的人。這樣，人的勞動所創造範圍的日益擴大，就成為人的存在和發展的條件。

　　費奧多洛夫由人較之動物缺乏自我保護性（人無絨毛、翅膀或毒液）這一生物學事實引申出人的道德本性若干基本要素。「人作為缺乏保護性的弱小的生物，他不能不承認憐憫是最高道德，不能不以和解為自己的目的」。❼

　　關於人的能動性和創造性的觀點，也來自基督教人類學原理。在費奧多洛夫所理解的基督教人類學中，「造物主通過人本身創造

❺　同❷，c. 512–513.

❻　Там же, c. 514.

❼　Там же, c. 515.

人」：上帝通過人自身——從第一個獨立行為直立行走到進一步的建設性勞動——創造人和使人完善起來。《福音書》中就有這樣的原理，基督說：我正在創造的事業，他（我的使徒）也在共同創造，而且創造得更多。費奧多洛夫由此看到能動的創造是人的最高價值。

費奧多洛夫人論中的人不是西方文化意義上的獨立自在的個人。古今對「人是什麼」的回答多種多樣，往往用否定的形式表示：人不是任何非人的東西，人不是獸，人不是神……西方文化注重個人自由，在講到人非動物的時候，主要強調人有追求自由和享樂的自然權利；而在中國文化中，說人非禽獸之時，則是在說人應有仁義道德，而不應貪圖個人享樂與自由。可見「人」不可抽象定義。費奧多洛夫主張對人類的每個成員的稱謂不用「人」一詞，而用「人子」（或人女）這一詞組，這個詞組直接表明人對父母、對人類一切祖先的義務。「人和子各自孤立不能達到最高幸福，合在一起才能揭示生命的意義與目的」❽。

費奧多洛夫把具有俄羅斯特點的斯拉夫主義人論推向極點。他堅決批判資本主義文明中對個人自由享樂舒適的崇拜，而直言「個性解放就是背棄共同事業」，而奴役卻可能走向幸福，如果它僅僅是共同事業之表現的話❾。在他看來，個人幸福只有和全人類（不僅是空間上的，而且是時間上的全部）共同生活才能達到。為此不僅要造成現有的全人類（生者）的普遍聯合，而且要克服死亡和復活逝去的祖先——這就是所謂「共同事業」。費奧多洛夫不僅反對個人的利己主義（自私自利），同時也反對利他主義（僅僅為某個他人而生），因為「應當不僅僅為自己和某個他人生活，而是和大家

---

❽　同❹，II, c. 198.

❾　同❷，c. 254.

一道為大家而生活」⓾。

第三節　人性的改造

　　現實社會生活中，人的現象複雜多樣，人的行為有善有惡。那麼，是人自身本來就有善有惡嗎？人之惡緣何而來？有人說來自人的天性，「性本惡」，也有人說來自社會環境的影響。從人類宇宙論觀點來看，從改造宇宙的偉大工程來看，費奧多洛夫認為，人之惡源於自然方面——人的不完善性。他不去追究人的一成不變的抽象本質是善是惡，而是看到人自身也是一個不斷改造、不斷完善的過程。而當今之人尚處於「成長之中」，處於向「成年」過渡的「未成年狀態」，還受制於盲目自然力，還沒有擺脫死亡，還生活在彼此排斥和鬥爭之中。但費奧多洛夫不同意人的自然本性之中就包含著不可救藥的「根本之惡」的觀點。在他看來，沒有經過對惡行的懺悔和對意識的改造仍不可饒恕的可怕的罪人 (грешник) 和罪犯 (преступник)。他甚至說：「我們的一切惡習都是被扭曲了的美德」⓫。

　　費奧多洛夫明確承認當今之人具有不完善性或矛盾性。因此他不贊成這樣一種對人的現有本質的傲慢態度或人道主義幻想，這種觀念忘記了人的現有本質中所包含的矛盾性,忘記了其中惡的一面，忘記了其中還混雜著動物本能和自然欲望。他認為文藝復興時代產生的那種人道主義中就包含著這種傲慢的危險性。這種人道主義確認，現有的人自身就是人的全部本質的尺度，以此呼喚人的覺醒。

⓾　Там же, c. 400.

⓫　Семенова С.: *Н. Ф. Федоров: Творлество жизни.* c. 172.

在這種浪漫主義激情下，提出了全面發展的人的理想，相信人自身能達到輝煌的完滿，興旺發達的和諧。在這種境界，人的靈與肉、明與暗、善與惡等兩極幸福地融為一體。這就是說，不去消滅人的陰暗面，而是相信可以把它盡力容納於個性之中。

但實際情況如何呢？人的墮落與頹廢便是文藝復興之人道主義和個性解放的後果之一。因此，雖然看上去是在不可遏止地追求進步與光明，但對人自身的本質的期望完全不應是無條件的。二十世紀出現的人道主義的危機，就是人的上述矛盾性的最大暴露，這便是純粹以人的尺度作為理想的後果。在這一點上，費奧多洛夫彷彿早有理論預見。不能把理想——絕對者建立在具有不完善或矛盾本質的人的基礎上。絕對者只能是高於人的理想，即使當前還不能實現，還只在觀念之中、方案之中。對費奧多洛夫來說，這種人的最高理想——絕對者，只能是上帝或改造了的最高的人。由此可見，他對人的本質不是靜止地、抽象地考察，而是放在人與世界的不斷改造和完善的進程之中。這裡，人的一般概念不是對現有之人的分析或綜合的結果，人是對人的超越，人是對最高理想的追求和逼近，人是走向神的過程。

實現人的最高理想，在費奧多洛夫那裡，不僅僅需要道德完善，非「窮則獨善其身，達則兼善天下」之德行所能至。他認為走向最高的人的道路必須經過對人的生理本質的改造，使人獲得更高的本體論地位。而且，人的持久可靠的道德完善只有伴隨著人的生理完善才是可能的，這就是把人從那些使他們互相敵視、對抗、爭鬥和死亡的自然本質中解放出來。一言以蔽之，就是必須在克服人所現有的「過渡性」和不完善性方面作現實的、積極的工作。

需要指出的是，這不僅僅是一個出自善良靈魂的美麗動人的烏

托邦。十九世紀的生物進化論也為這種信念提供了某些依據。當時的大量古生物學材料已表明了進化過程的方向性：在生物進化過程中，從神經系統的萌芽到人的出現，雖然緩慢和偶有停頓，卻是不反覆的遞進過程。神經系統不斷複雜化和完善化，這種客觀存在的生物進化的上升方向，不會到人這裡就停滯不前。一些自然科學家也抱有此念，維爾納茨基(В. И. Вернадский, V. I. Vernadsky, 1863–1945)就說，人不是進化的頂峰，「我們可以從經驗概括中、從進化過程中預見這一點。人類 (Homo Sapiens) 不是創造的完成……它是生物長鏈的一個環節，這條長鏈有過去，也無疑會有將來」[12]。法國古生物學家泰亞爾・夏爾丹（Pierre Tellhard de Chardin, 1881–1955，中文名德日進）也說，在現有形式的意識和生命之後，必然應有「超意識」和「超生命」[13]。由此可以說，費奧多洛夫對人的生理改造的信念更近於關於十分遙遠的進化年代的科學假說或幻想。在進化論方面，人將何處去？未來人是什麼樣子？這個問題一直處於科學探索之中。

---

[12]　Вернадский В. И.: *Размышления натуралиста*. Научная мысль как планетное явление. М., 1977, с. 55.

[13]　同[11]，с. 174.

第七章　親

「共同事業」學說之基礎是一種獨特的關於「親」(родс-
твенность, родство)的學說。沒有此「親」，便不可能有「共同事
業」。這種「親」的學說是一種徹頭徹尾的、極端形式的宗法論──
社會生活、世界生活和神的生活的宗法論。

第一節　「親」的神性

按照費奧多洛夫觀點，「親」──父慈、子孝、兄弟之愛，不僅
是人類生活和世界生活的基礎，而且是神本身生活的基礎。基督教
三位一體的上帝是「親」的完美榜樣。聖父、聖子、聖靈之關係是
「親」的關係。這是一個由「親」人之愛所結成之家。人類的關係
也應當按照神的關係這一榜樣來組織。費奧多洛夫把聖三位一體的
教義看做是「親」的誡命。但他對此教義之解釋不是既成的道德的
解釋，而是方案的解釋：神的三位一體之親對人類來說是方案、誡
命和任務，不是個人的道德任務，而是普世之人的社會組織任務。
拯救不可單憑一人，而需大家共同努力方可獲得。阿里烏主義❶

---

❶　古代基督教神學家阿里烏（Arius，約260-336）倡導的一種反三位一
　　體教義的神學學說。

(Arianism) 也和其他異端一樣，是喪失「親」情的知識分子精神之表現。只有恢復人類之「親」， 方可革除一切異端。僅當人類團結成為一種「親」的社會，才能真正明白上帝三位一體之教義。

「親」是生活的神性基礎和自然基礎。只有「親」才使生活有機和諧。「親」的社會是不忘父的「人子」的社會，它與公民社會相對立，這是忘記父的「浪子」的社會。兄弟之愛(братство)或博愛離不開孝 (сыновство)，因為只從父而論人們才是兄弟。孝的範疇比博愛範疇更為根本。費奧多洛夫之所以敵視近代西方的人道主義，就是由於人道主義宣揚無孝的博愛，這是「浪子」的博愛，而不是「人子」的博愛。博愛雖次於「親」，但博愛高於平等和自由，因為人只是「人子」，而不是自我目的、自我價值、自我人格的人。

費奧多洛夫繼承了斯拉夫主義者視家族宗法制為社會生活之基礎的觀點，並將之深化和擴展為一種完整的宗法形而上學。在此，對父、對祖先之愛（孝）是人的最高品質，正是這種品質使人接近神，似於聖三位一體。「只有與動物王國不同的子女對父母之愛，才近似於聖子聖靈對聖父之愛」。敬宗拜祖——是唯一的真正的宗教。「真正的宗教只有一個，這就是祖先崇拜，而且是全世界同拜所有的父，但所有的父是與三位一體的上帝不可分又不可混同的，彷彿是一個父」❷。

費奧多洛夫是貪愛女色的嚴酷敵人。他認為，「浪子」拋棄了父，傾心於妻，為妻創造著文化。資本主義社會的全部文化都是建立在貪愛女色之基礎上的，都否定對父之愛。全部現代文化都是為迎合女人而造就的；現代文化具有性的根源。女人崇拜喚起了工業發展。資產階級工業社會的奢華正是為女人而創造的，其中喪失了

---

❷　Федоров Н. Ф.: *Философия общего дела*, II, c. 36; 116.

精神的陽剛之氣。別爾嘉耶夫認為這一關於工業與女性崇拜之聯繫的思想具有深刻性，法國資產階級文化就為這一思想之真理性提供了佐證❸。正是由於這些思想，一位美國研究者把費奧多洛夫與弗洛伊德 (S. Freud, 1856–1939) 相比較，說費奧多洛夫建立了一種比弗洛伊德「更豐富更完善的心理分析理論」，因為他不僅以「性欲之自我壓抑」解釋家庭和社會，而且補充了「死亡恐懼」問題❹。

　　費奧多洛夫想以復活的義務來熄滅性欲，把生育子女的力量用在復活祖先之上。這與他關於女人的一般觀點相聯繫。在他看來，女人應當首先是人之女，和子一樣，女也應是參與復活父的人。在聖三位一體中，聖靈象徵著女兒。「人女」具有聖靈的形象，正如「人子」具有聖子的形象一樣。因為既然聖三位一體學說給人生提供了榜樣，那麼三位一體之中就既應有子，也應有女。「若三位一體說中聖靈不是女兒的榜樣，則三位一體本身就會成為無生命的、僧侶式的、柏拉圖式的東西；若女兒不似於聖靈，則不會有愛的靈魂，就會充滿破壞的、虛無主義的靈魂」❺。

　　將聖靈比作女兒形象，這在基督教學說中還聞所未聞。費奧多洛夫預感到這種觀點會遭到許多人非議並被斥之為異端。他用與聖子—聖言（道）的學說相類比來作辯護。

　　　也許很多人反對聖女—聖靈說卻不反對聖子—聖言說；但後
　　者屬於布道者的三位一體，而布道者——使徒的事業已經結

---

❸　*Бердяев о русской философии.* Ч. 2, с. 67.

❹　參見Lukashevich S.: *N. F. Fedorov. A Study of Russian Eupsychian and Utopian Thought.* Newak; L., 1977.

❺　同❷，с. 77.

束。聖女—聖靈說屬於共同事業的三位一體，共同事業即是使先輩復活的事業，這一共同事業的時代才剛剛來臨；聖子—聖言說致力於活人的聯合，聖女—聖靈說則致力於死者的復生……在共同事業的三位一體中，聖靈表現為「女人」，她不僅意味著貞潔無瑕之美德，而且意味著完善的智慧，以使死去的父母復活的行為取代生育……❻

費奧多洛夫試圖在基督教的聖三位一體中找到「親」、「人子」和「人女」的本原，卻把基督教的精神性、先知性同舊的自然主義和素樸實在論混淆起來。此一學說中，「親」與「孝」都與自然的血緣誕生相關。然而從基督教觀點看什麼是誕生呢？基督教（尤其是神秘主義者）總要區分兩種誕生：第一次誕生和第二次誕生。第一次誕生是在類之中，在自然秩序中的誕生，是血肉之軀的誕生；第二次誕生是人在精神之中的誕生，是靈魂的新生。費奧多洛夫將兩者混為一談了。

第二節　「親」的社會

以「親」為基礎的社會，只能是一種宗法制的專制社會，而不可能是民主政體、公民社會和法制國家。宗法制的社會理論在十九世紀的俄國曾十分流行。斯拉夫主義者的社會哲學理想就是古代宗法制的社會關係，民粹主義思潮也有宗法社會觀的根源。他們都認為俄羅斯還更多地保留著「親」的社會關係和宗法制的農村生活方式，是俄國面對歐洲的一大優越性。

---

❻　Там же, с. 122.

費奧多洛夫也像斯拉夫主義者那樣，以宗法制為理想的社會生活，證明君主專制的必要性。但他比斯拉夫主義者更激進更徹底，因為他不是從民族歷史特點來證明君主制的必要性，而是從三位一體的親緣本質，從「親」的宗教和敬拜祖先的宗教。而且，他把君主專制擴大到整個宇宙。在他的理想方案中，俄國的專制君主是處在「父的位格」上的整個世界的統治者和調節者，是一切死去的前輩的遺囑執行人，他教育人類走向成年狀態。這個專制君主應是被復活的父們所推舉的，因此不能被子們所廢除。在「父的位格」之人的權力不能依賴於子的意志。「為了恢復博愛的統一，為了在人類中逐步擴大和保持這一統一，也為了統領復活父業之子的聯盟，就需要有一個總督，一個站在父位上的遺囑執行人；這也就是專制君主」❼。

但這並不是一個切近可行的社會政治方案，這是一個廣闊的遙遠的哲學方案。此方案與過去和現在的君主專制毫無共同之處，因為此前的君主專制從來沒有揭示出復活的力量，其存在和起作用都是按照此世之規律，適應於此世的需要，而不是按照基督精神，不是適應於精神生活。費奧多洛夫所說的君主專制是由與盲目自然力和死亡作鬥爭的必要性所引起的專制，這種專制是「使人們走向成年的教育力量」❽。他把「成年」和對個人自由與權利的要求對立起來，認為法制意識是「未成年」的標誌。他還認為負有共同事業使命的俄羅斯民族不是要求解放，而是要求服務，所以贊同君主專制。服務是積極的事業，是與權利和特權相對立的。所以他十分敵視貴族特權，就像民主主義者和民粹派一樣。

---

❼　Там же, с. 367.

❽　同❷，Ⅰ, с. 370.

由於把「親」作為社會生活基礎，費奧多洛夫堅決反對一切國家制度、法律制度和經濟制度，認為這一切都是「未成年」的標誌。他說真正的基督精神不是奴隸精神、貴族精神，而是「親」的精神。社會應成為家庭，社會關係應成為家庭關係；他激烈批評立憲主義，說憲法使「人子」變成「浪子」，使為過去而生活變成為現在而生活，使子高於父，使生活失去目標。憲法是活人的權利，而專制是對死者的義務。費奧多洛夫的理想社會是無需法制、無需任何政治經濟制度的、以宗教和道德為基礎的社會。

> 東正教要求無需任何懲罰和任何監督的社會；秉公而論，需要監督的社會，亦即以經濟法律制度為基礎的社會，是一種未成年狀態，因為一切法律和經濟原則對於三位一體的上帝和多樣統一的人類來說，都是卑污的東西。專制是使人類按照神的三位一體之榜樣走向多樣統一。專制者的最高頭銜是一種宗教屬性和道德屬性，其使命是逐步消除作為無道德和反宗教因素的一切法律。❾

這裡突出表現了俄羅斯傳統觀念中的法制意識之薄弱。許多論者在述及俄羅斯哲學特點時都明確地指出這一點。本世紀初阿爾馬佐夫 (Б. Н. Алмазов) 以一首諷刺詩描述斯拉夫主義者阿克薩科夫 (К. С. Аксаков, K. S. Aksakov, 1817–1860)的觀點：

> 我們是有機論者，
> 完全不要法律的健全理智

---

❾　Там же, с. 48–49.

這一猙獰的惡魔。

俄羅斯的大自然

如此廣袤遼闊，

何需爬進法律原理

這一狹窄的軀殼……❿

　　然而輕法律強制重道德良知畢竟有其合理根據。因為在具有深刻宗教精神的俄羅斯思想家看來，法律只具有外部強制的表面的和暫時的功效，不足以根本解決人的內在惡意志問題，所以必須付諸道德良知。陀思妥耶夫斯基的小說《罪與罰》(*Преступление и наказание*)和《卡拉馬佐夫兄弟》，托爾斯泰的《復活》和非暴力思想，都是這種俄羅斯精神的生動表現。費奧多洛夫關於「親」的學說也表達了這一精神。在他的社會哲學中，「親」是與公民意識嚴格對立的。公民意識是非親非愛的「浪子」意識；只有作為「浪子」的公民才要求權利和自由。「墓地的荒蕪是『親』情淪落和蛻變成公民意識的自然後果」⓫。而「人子」的社會關係是「親」，「人子」不應忘記父的基地，不應忘記對父的義務。「人子」之「親」也是基督精神。基督教的「人子」也與公民意識不容。

　　前三部《福音書》的道德價值在於，它們是面向子的，為的是人子的誕生，而人子完全不知世俗的各人差異，相反，他們深知內在的親，人子願意效力於他人，而不是統治他人……人子作為標準是對不親、等級、官位及一切法律經濟原理的

❿　*Вестник московского университета*, 1992, No. 6, с. 34.

⓫　Там же, с. 49.

否定，是對普遍之親的確立。⓬

原始的宗法制的生活方式，個人意識的不發達，這從現代化觀
點來看，本是一種社會的落後。然而在以「親」為社會理想的費奧
多洛夫看來，這卻是俄羅斯的偉大優越性。「我們的全部優越性只
在於，我們保留了真正的人類生活所從開始的原始生活方式，也就
是氏族生活。這種生活的基礎是第五誡命」⓭。他認為，正是由於
俄羅斯的這一優越性，「共同事業」將從俄羅斯開始。這又是一種
典型的俄羅斯民族救世論觀念──確認本民族文化具有巨大優勢，
因此負有拯救世界的使命。這種意識在俄羅斯歷史上源遠流長。從
十六世紀的「莫斯科──第三羅馬」的觀念，到十九世紀三、四〇
年代的斯拉夫主義，從陀思妥耶夫斯基到二十世紀的新宗教意識，
從「世界第一個社會主義國家」到歐亞主義，都有民族救世論意識
的直接或潛在作用。這種救世論的根據又大致有二：一是從俄羅斯
民族的古老生活方式、農村公社等歷史特點出發；二是從俄羅斯精
神的宗教性和對上帝之國的渴望出發。

　　或許是出於自身的文化落後之故，或許是由於自身傳統的原
因，俄羅斯民族在現代化之路上，在與西歐文化的交流與撞擊中，
似乎具有比其他民族更強烈的民族文化自我保持意識，思想家們熱
衷於討論本民族精神的特殊性和優越性以及俄羅斯的世界歷史使命
問題，難免有些人為誇大之處。這有雙重作用，一是有利於保護、
繼承和發揚民族優秀文化傳統，不崇洋媚外；另一方面，也易於導

⓬　Там же, c. 49.

⓭　同❸，c. 73. 第五誡命，指基督教新教中「上帝十誡」之五：「當孝敬
　　父母」。

致盲目排外、不接受外來文明價值的「文化民族主義」，尤其是在
日益開放的現代社會。這個矛盾仍是當今的俄羅斯所面臨的問題。

第八章　死

「人固有一死」。

對死亡問題的哲學思考，同哲學本身一樣古老而常新。蘇格拉底曾把哲學定義為「死亡的準備」[1]；伊壁鳩魯（Epicurus，西元前341-前270）為克服人們的死亡恐懼說「死亡是一件與我們毫不相干的事」[2]；基督教追求精神的再生，教導「若不能死，就不能生」[3]；黑格爾從其主體性精神哲學出發，指出「死亡是精神同自身的和解」[4]；現代存在哲學家多思考人的生存在如何直面必然的生命終結：雅斯貝爾斯（Karl Jaspers, 1883-1969）發展了西塞羅（M. T. Cicero，西元前106- 前43）和蒙田（M. E. de Montaigne, 1533-1592)的論題，提出「從事哲學即是學習死亡」[5]，海德格爾（M. Heidegger, 1889-1976)則說「向死而在」[6]……

但是，在古往今來的哲學家中，還沒有發現哪一個具有費奧多

---

[1] 參見《死亡論》，永毅、曉華編，廣州文化出版社，1988，第159頁。

[2] 參見段德智《死亡哲學》，湖北人民出版社，1991，第83頁。

[3] 《新約·哥林多前書》，15: 35-36。

[4] 同[2]，第203頁。

[5] 同[2]，第258頁。

[6] 同[2]，第265頁。

洛夫那樣的死亡觀，並把與死亡作鬥爭作為其全部學說之焦點。

第一節　兩種死亡觀

　　人類對死的態度是同人類文明的發展密切相關的。遠古的人類不重視個體存在的價值，也不懂得個體死亡的悲哀。對遠古意識來說，生命的流逝乃至時間的流逝不是直線過程，而是循環過程。這個過程的主體不是個別個體，而是部落、公社。隨著人的個體化、時間觀念的更新和思維能力的提高，人類脫離了原始宗教神話和原始死亡觀，發現了死亡的兩個現實：一是不可避免性，不可抗拒性；二是終極性，人死萬事空。與死亡的發現相伴而來的是人類的死亡恐懼。而尋求擺脫死亡恐懼之法，便成為人類對死亡進行哲學思考的根本宗旨。

　　但在費奧多洛夫看來，以往哲學為克服死亡恐懼所進行的哲學思考犯了兩個錯誤，一是離開具體生命感受的抽象思辨性，二是忘記他人的利己主義。以往的哲學所思考和研究的是「存在者何以存在」的問題，這是人類超越於一切動物而獨有的形而上學的興趣和能力。但以此作為對世界進行哲學思考的基本問題，就脫離了活的血肉之軀。而費奧多洛夫所思考——不僅是思考，而且是為之痛苦——的問題是「生者何以痛苦並走向死亡？」的問題。

　　此外，費奧多洛夫看到，哲學史上對死亡問題的「哲學考察」，由於「認識你自己」的口號而只關注自己個人生命的終結，只尋求使自己在精神上不受死亡恐懼與威脅之法。最典型的就是伊壁鳩魯的觀點，他說死亡是與我們毫不相干的事，「因為當我們存在時，死亡對於我們還沒有來，當死亡之時，我們已經不存在了」❼。費

奧多洛夫譴責這種利己主義觀點說：怎麼能說我活著就沒有死？我
們周圍每時每刻都有人死去——父母、親人、朋友等等。他在新老
更替的自然過程背後，看到的是後代對先輩的負債。「我們現在是
在靠先輩生活，從他們的遺骸中獲取衣食；如此全部歷史可分為兩
段： 1.——直接吃人； 2.——隱秘地吃人，直至今日……」❽。

　　費奧多洛夫區分了對死的「哲學上的」理解和規定與「宗教上
的」理解和規定。上文所述便是哲學上的理解。而宗教上的理解是：
人在生命之中雖無死亡之痛，但通過失去親人而體驗到死亡之苦，
並把這種痛苦傳染到所有的人；這樣的人記著先輩們的死，因此感
受到的不是自己的死亡恐懼，而是全人類的死亡恐懼，這種恐懼不
是個人的理性思考所能消除的。早期基督教神學家奧古斯丁就深切
地描述了這種死亡恐懼的痛苦體驗。在他青年時代，他的一位摯友
突然病逝，使他初次感受到死的極端可怖：「這時我的心被極大的痛
苦所籠罩，成為一片黑暗！我眼中只看見死亡！」 後來，他母親去
世使他再次產生了對死之可怖的強烈感受： 「我給她閉上了眼睛，
無比的悲痛湧上心頭，化為淚水」，「感到肝腸欲裂」❾。

　　為什麼親人和摯友之死能使一個人最深切地感受到死亡恐懼
呢？奧古斯丁解釋說，這是因為親友如「自己靈魂的一半」（羅馬
詩人荷拉提烏斯的詩句），這些人的死使他最敏感地推知自己的死，
從而發生一種「死者的喪失天命，恍如生者的死亡」的傷感。奧古
斯丁由此認識到死亡是個「最殘酷的敵人」， 因為死亡既然搶走了
他的朋友，既「吞噬了他」，也定會「突然吞下全人類」。與奧古斯

------

❼　同❶，第15頁。

❽　Федоров Н. Ф.: *Сочинения*. с.65.

❾　奧古斯丁《懺悔錄》，商務印書館， 1981， 第56–57；180頁。

丁的體驗相類似，費奧多洛夫進一步感到死是世間最大的惡。

第二節　死是惡之極

費奧多洛夫不止一次地重覆：「人之不幸就在於他的死」，或者「只要有死，不幸就將永遠存在」。

在費奧多洛夫的宇宙論人類學中，雖然人是自然進化的產物，但直立行走是人確立自身的第一步。而「人在其新狀態（直立狀態）中所發現的一切，都可歸結為對自己有死的意識，因為有死是使人痛苦的一切災難的一般表現，同時也是人對自己受制於暴風、驟雨、地震、酷暑、嚴寒等強大自然力的意識」 ⑩。死亡統治著整個世界，但只有人把自己確定為有死的，只有人有死亡意識，而一經意識到死亡，就產生死亡恐懼，為戰勝恐懼，人就要超越死亡，把死看作是殘酷的、不應有的現象。「死是盲目力量的勝利」，它同人的理想、幸福與真理相敵對。

與宗教觀念不同，「共同事業」學說不是教人輕易地容忍死的來臨，或在觀念中「了生死」， 或以「彼岸世界」作慰藉，而是堅定不移地敵視死亡，視死為萬惡之首，不幸之源。首先，死是一種最大的不道德。因為真正的幸福只在於共享，而我們卻不得不容忍了賦予我們身體、生命與精神快樂的先輩和友人的死去，這就是一種大逆不道！這是我們自己的軟弱無能，不夠完善；其次，從一定意義上說，對（他人之）死的漠視，正是我們活著的人們之間不親和、不友愛的根源。費奧多洛夫指出，這正是我們現代文化的本質特徵之一；此外，有死——這是深存於人的自然本性之中的惡，是

---

⑩　Федоров Н. Ф.: *Сочинения*. с. 510–511.

任何社會改革者都消除不了的，因此人不能逃避，而必須與它作堅決鬥爭。

第三節　死並非必然

如前所述，在文化史上，人對死亡事實的發現有兩方面，一是死之不可避免性，二是死之終極性。由此引申死亡恐懼。那麼如何戰勝死亡恐懼呢？也就有兩條途徑，一是否定死亡的必然性，或相信人可長生不死；二是否定死亡的終極性，即確認死並非人生一切的終結和喪失。歷史上的哲學家幾乎都訴諸後一途徑，即試圖以各種方式在死之終結性上找到出路：或以靈魂不死、精神永恆來延續生命的內容，或以轉世再生、死後復活來打破死的終極性，或以種族的生命不滅來「擊敗死亡」。總之，對他們來說，死之必然性是絕對的、不可置疑的。

費奧多洛夫思想的「反常」之處在於，他不去討論死是否具有終結性，卻對死的必然性、絕對性提出置疑。他寫道：「一切哲學，即使各不相同，但在一點上都是相同的——它們都承認死亡的現實性，死亡的無可置疑性。甚至其中那些不承認世界上有任何現實之物的哲學，也是如此。極端的懷疑論體系以至於對懷疑本身進行懷疑的，卻依然屈從於死亡的現實性這一事實」**⓫**。可以說，在世界思想史上，費奧多洛夫在對待人的個體死亡這一事實的觀念上發起了一次大膽的革命，儘管革命成功之日還遙遙無期。他斷言，死全然不是不可動搖的本體論的命中注定：

⓫　Там же, с. 364.

死只是受某些原因制約的一種屬性，一種狀態，而不是這樣
一種本質，若無此本質便人將不人，即現在所是和應當成為
之人。⓬

無論人有死之原因多麼深，有死也不是本原的；它不是絕對
的必然性。理性生死尚且依賴的盲目力量本身，是能夠為理
性所支配的。⓭

　　費奧多洛夫提醒人們，人類對死亡的認識還是遠遠不夠的，尚
不足以下必然的定論。死亡應當成為普遍研究的對象 —— 無論是哲
學、人文科學還是醫學、生命科學。

　　隨著醫學的發展，人類在十九世紀末已經開始干預死亡王國。
電療和器械對人的心臟和呼吸的作用，使傳統意義上對死亡的確定
（經驗上的心臟停止跳動和呼吸停止）成為不絕對可靠的。當然，
後來又出現「安樂死」的問題。如今，「什麼是死亡?」，「死亡的標
準是什麼?」，成為法律、道德和社會問題，引起西方社會的普遍關
注⓮。費奧多洛夫在上世紀就已注意到了醫療方法干預死亡問題的
關係重大。他說：「在某些情況下，當死亡的現實性已得到承認後，
還可能通過電療復活生命：無論這種情況多麼少見，這仍然促使我
們對所謂死亡的現實性給出更確切的定義」⓯。這表明人通過科學
技術已使死亡的現實性之界限向後推延了（超越了臨床上的死亡狀

⓬　Там же, с. 365.

⓭　Федоров Н. Ф.: *Философия общего дела.* II, с. 203.

⓮　參閱《死亡與垂死》，光明日報出版社，1990，第44–62頁。

⓯　同⓭，с. 364–365.

態)。費奧多洛夫深受這一科學成就的鼓舞,進而上升到哲學高度,提出了一種異乎尋常的觀點:一切死去的人,無論他們離開人世多麼久遠,都應該認為是臨床上的死亡,而一切活著的人,世世代代,都是在尋找各種手段以證明他們的死終究是非現實的,也就是在設法把他們復活。只有經歷了無限漫長的歷史時代,當人們用盡了自然存在的以及人類發現的一切手段都仍不能使生命復活之後,才可以認為死是現實的。這些手段是什麼?「不應認為我們是在希望找到某種專為此目的的力量,我們認為把盲目自然力改造成自覺力量,即是此手段」[16]。

第四節 不死是「方案」

死既並非必然,就是說,費奧多洛夫修改了人們習以為常的觀念,在他看來,「人非固有一死」。人在原則上可以長生不死。但這並不是神話,不是瘋人的幻想。這是一種哲學設定,或哲學方案。

首先,「不死」是以他特有的人類學為基礎的。如果僅從人的自然生物學方面來理解人,那麼,既然生物體本身的生、長、衰、亡是客觀必然的過程,則人的注定死亡也是天經地義的。但費奧多洛夫把人理解為超自然的理性存在物。理性是宇宙演化的結果,同時又是宇宙過程的新質階段。理性具有能動性、創造性,這是它與其他自然物的本質區別。因此理性通過自身的不斷發展完善,能夠改造自然物、支配自然力,逐步使世界由自在的盲目的世界變成自為的理性的世界。這才是作為理性之代表的人的終極使命。而死也是一種自在存在的屬性,不是自為存在的理性的本質。隨著世界從

---

[16] Там же, c. 365.

自在走向自為，隨著人類從「未成年狀態」進入「成年狀態」， 打破死之必然性，達到長生不死，便是可以想像的了。

其次，「不死」不是一個「事實真理」，也不僅僅是一個「價值真理」，而是一種「方案」。 在歐洲思想史上，「不死」的觀念也曾有過。天主教把「不死」只作為信仰的事實，只具有主觀的意義，到了客觀世界便不再成立了；歐洲近代哲學把「不死」作為理論探討的對象，具有抽象思辨的性質。費奧多洛夫則把「不死」、 把戰勝死亡當作一項「事業」。 此「事業」要靠每一個人的積極創造、靠大家的共同勞動來完成；此「事業」並非千百年就可完成，而是在宇宙演化的無限長河中逐步實現；此「事業」與復活祖先的共同事業同步進行。

> 事實上，不死既不應被看作主觀的，也不應被視為客觀的；不死是方案的。 ❶

---

❶　Там же, с. 298.

第九章 復 活

「共同事業」包括兩個基本方面——復活祖先和調節自然。在這裡，全人類普遍聯合的宇宙方案不僅在空間方面，也在時間方面：創造未來之途，不僅包容現在，還要找回過去——這就是使人類祖先普遍復活。

第一節 「內在」復活

死是生命之大敵。在古代，當人類精神在死亡恐懼下開始尋找克服死亡之路的時候，西方思想史上就產生了柏拉圖傳統的靈魂不死觀念和基督教的肉體復活觀念。

柏拉圖哲學深遠地影響了西方文化。這種哲學以身心二分的學說論證了靈魂不死或轉世輪迴的觀念：肉體與變動不居的感性世界相關聯，靈魂則從屬於永恆不變的理念世界。於是雖肉體在死後化為塵土，而靈魂卻可進入永恆王國。這種身心二分說後來導致了早期基督教關於靈魂高尚而肉體罪惡的禁欲主義，到近代則由笛卡爾重新解釋為身心二元論。

在「舊約」時代即將結束之際，當人們相信上帝的目的是要使個人超越死亡危機而存在的時候，就產生了一種非柏拉圖主義的生

死觀，即猶太教─基督教的肉體復活觀念。如果說柏拉圖主義把人看作是一個暫附於必死肉體的永恆靈魂，《聖經》則把人看成有限的、身心合一的生命，於是死就是一種實在又可怕的東西，它並未被設想成如同從一個房間步入另一個房間，或者如同脫掉一件舊袍又穿上一件新裝那樣。它意味著絕對的、毫無保留的毀滅──從光明的生命之環中消失，進入到「死亡的永無白晝的暗夜之中」。 但唯有依靠上帝的至高無上的創造之愛，才有可能出現超越墳墓的新生。《舊約·創世紀》講，人原本造得可以不死的，人之有死是因為具有亞當偷吃禁果的「原罪」；《新約》說，「叫我們死的乃是罪」，「在亞當裡眾人都死了，在基督裡眾人也都要復活」。「我們藉著我們的主耶穌基督得勝」 ❶。耶穌以自己之死為我們贖罪，拯救眾生。

在生死復活觀上，基督教思想與柏拉圖主義的差別在於它從人的完整生命出發，宣告了人戰勝死亡，人在未來將通過肉體復活而得到完整生命。在此，費奧多洛夫是贊同基督教觀點的。但他所理解的「基督教」與通常的理解大不相同，他把基督教理解為現實的「事業」， 反對基督教的「空靈」性、神秘性。所以他又反對基督教的所謂「先驗復活」，而主張一種「內在復活」。

「內在復活」區別於「先驗復活」的特點主要有四。第一,「內在復活」所說的不是來自人之外的、先驗於人的神的奇蹟、神的功業，而是人自己的行為，是人自己努力的結果、是人的「事業」；第二,「內在復活」的對象不是某些人，而是人類全體；第三,「內在復活」不是內心的道德復蘇，而是對現實世界的改造；第四,「內在復活」不是自我復活，而是復活行動，是使復活，使祖先復活。

---

❶　《新約·哥林多前書》, 15: 22; 57。

　　費奧多洛夫確認，基督教的現代形式劃分天上與人間、割裂神與人，這是對基督教的根本歪曲。

> 「而全部人子以整個心靈、全部思想、一切行動、亦即全部
> 力量與能力所實現的普遍復活、內在復活，才是履行聖子同
> 時也是人子關於天上與人間、神與人之聯合的遺訓。」❷

所以他所說的復活不是無人積極參與的先驗的復活，不是靠耶穌基督一人贖罪，而是全人類以實際行動參與同死亡鬥爭的共同事業。費奧多洛夫寫道：「基督的復活對教徒來說也還是一個深深的奧秘」，因為「基督教本質上不僅是關於贖罪的學說，而且是贖罪的事業本身」❸。在這一點上，另一位俄國宗教哲學家、作家羅扎諾夫(В. В. Розанов, V. V. Rozanov, 1856–1919)也持類似觀點❹，成為二十世紀初的「新宗教意識」之一。

　　傳統的基督教總是「叫我們不靠自己，只靠叫死人復活的上帝」，靠「上帝的恩典」而得救，達到「死後復活」。《基督教教義問答》中說，復活是「全能的神的作用，由於這一作用，一切死者的肉體重新與他的靈魂結合，於是復活起來，並成為精神的人和不死的人。這必朽壞的總要變成不朽壞的，這必死的總要變成不死的」❺。費奧多洛夫所說的復活不是靠上帝意志的復活，而是「內

---

❷　Федоров Н. Ф.: *Сочинения*. с. 94.

❸　Федоров Н. Ф.: *Философия общего дела*. Ⅰ, с. 112.

❹　см.: В. Зеньковский. *История русской философии*. Париж. 1948.
　　Том Ⅰ, с. 461.

❺　см.: Пространный Христианский Катехизис православыя кафо-

在復活」，這種觀念強調，復活之路不是只有在拯救者的贖罪之後
才向我們展開，不是我們憑藉神人基督之恩澤便可坐享其成；復活
之業是我們自己的義務，耶穌基督的行為只給我們做出榜樣，我們
只有親身實踐了他的行為，才能實現復活。這樣的復活也不是彼岸
世界的生活，而是未來的人間生活，包括在其他星球上生活（這要
求宇宙航行成為人到地球之外另覓生存環境的手段）。

「內在復活」的另一特點是普遍性。——這是逝世的全部先輩
的普遍復活，而不是只有某些（屬靈）人的復活。為什麼在基督復
活後沒有發生所有逝去者的復活呢？費奧多洛夫認為，其原因在於
基督徒們對復活的純粹先驗的理解。按照《福音書》的訓誡，在最
後審判日，上帝只能拯救一部分人（義人），而其他人則成為「上
帝的憤怒」的犧牲品。這樣，就把人類徹底劃分為可被拯救者和永
遠朽壞者。正是這種劃分促成了分裂與對抗，使人類不能團結一致、
同心同德地參加普遍復活的共同事業。他把這種先驗復活又稱做「憤
怒的復活」。「若得不到普遍拯救，則懲罰就將成為普遍的。我們在
基督教道德中的所見便是如此。據這種道德，一些人將被罰以永世
的痛苦，而其他人則成為這些痛苦的直觀者」❻。這樣來決定人類
的最終命運，在費奧多洛夫看來，無異於對所有人的懲罰。

說到「復活」，托爾斯泰的同名小說廣為人知。實際上，托爾
斯泰與費奧多洛夫屬於同一類型的宗教思想家：他們都反對基督教
的神秘主義和脫離人生實際的教條主義；他們的思想旨趣都在於為
人類指出現實的「生活之路」、「拯救之路」。但他們所倡導的具體

лическия восточныя Церкови. М. 1991, с. 63；及《新約・哥林多前
書》15: 53。

❻ 同❸，Ⅱ, с. 113.

途徑又有所不同，此中反映了兩位思想家對基督教的「現實性」也有不同理解。托爾斯泰把基督教理解為道德學說。他的生活經歷使他深深體驗到世界存在之無限與個人生命之有限的矛盾。如何鞏固被死亡恐懼所動搖的生命之根？這成為他生命哲學探索的核心。但他不是借助於「生命本身的力量，而是宗教傳統」❼。因此他九〇年代的主要作品的主題是人的道德轉折和良心發現，亦即精神的、道德的復活。這「不是死者肉體和個性的復活，而是喚醒在上帝中的生命」❽。與此不同，費奧多洛夫所理解的基督教的「現實性」不是内在的精神現實、道德現實，而是「物質現實」。 他所倡導的不是「天國在你們心中」， 而是天國的外部實現，即對人和世界的現實改造。他所看到的首先是基督之「福音」的「宇宙」意義：號召對盲目的自然世界的積極改造，使之成為非自然的、神聖的、符合人的願望和道德要求的、不死的存在（天國）。 總之，托爾斯泰所強調的是基督教的倫理學意義，費奧多洛夫所看到的則是基督教的宇宙學意義。

　　費奧多洛夫所說的復活不是個人為延續自己生命而希望的個人死後復活，亦即不是自我復活，而是使他人復活，亦即使我們所以誕生的先輩復活。這樣，復活不是依各人願望而可有可無的要求，而是我們必須履行的道德義務，是我們責無旁貸的事業。這種道德要求來自子對父、後輩對先輩的深切的道義感。需要「讓一切誕生的人都明白和感到，誕生就是從父輩那裡接受、攫取生命，也就是奪走父的生命，由此就產生使父復活的義務」❾。這樣，全部宇宙

---

❼　Асмус В. Ф.: *Мировоззрение Толстого*. Изб. фил. труды. Т. 1, М., 1969, с. 63.

❽　Толстой Л. Н.: *Полн.* собр. соч. Т. 23, с. 392.

過程都被人格化、道德化了。人的心靈不再就範於冷酷的客觀現實，生命的新老更替成為一種「道德的缺憾」，只有普遍復活才是道德的最終勝利。「死亡是盲目力量的勝利，而不是道德的勝利。普遍復活才將是道德的勝利，才將是道德所能企及的最高階段」**⑩**。

第二節　復活之路

生命之流，一去不返。只是從人出現以後，才有了對自然本身之歷史的意識，人能夠「在思想之中」重建過去的時空。「可以說，自然本身力圖在人中認識和重建自己的譜系」**⑪**。人類保留著前輩們創造的生活經驗、工藝技能、書籍、藝術品等等。但這只是以相似物的形式「在思想中」重現逝去的前輩。任務在於變思想為現實──在現代和未來使前輩真正復活。費奧多洛夫在「共同事業」的方案中尋找可能的、具體的復活之路，也就是使先輩肉體復活之路。他主要提出兩條途徑：第一，收集死者遺留下的分散了的物質粒子，在能夠「認識和操縱外界一切分子和原子」之基礎上，把這些粒子重新聚合成肉體；第二，遺傳學之路。研究、認識和把握前輩們的一切遺傳信息和生理心理特點，再把這些遺傳「形式」結合成整體，從而逐步實現父輩及祖先的復活。

復活之路當然不是指現實可操作之方法，而是費奧多洛夫以「科學能夠創造奇蹟」、「今日之不可能將成為明日之可能」的幻想勇氣提出的假設方案。在他所處的時代，即十九世紀末，人類的醫

---

⑨　同**❷**, c. 476.

⑩　同**❷**, c. 433.

⑪　同**❸**, Ⅰ, c. 121.

學和生理學已能夠對尚未朽壞的死屍進行復活實驗，儘管是短暫的復活。費奧多洛夫在這一事實的鼓舞下，進一步提出腐朽分化了的死者復活的可能性。他說，大家通常認為，若說未朽壞的死者之復活尚且勉強可信，那麼，朽壞以後的死者復活便無論如何也不可思議了。因為在這種情況下，這些粒子發生了很大變化，且分散於空間。但須知「朽壞亦不是超自然的現象，而粒子的分解本身也未超出有限的空間以外」❶。他提出要建立一個專門科學中心，吸收物理學家、化學家、天文學家、生理學家和考古學家參加。在這項科學研究中，作用最大的是關於無限小的粒子之運動的科學。比如，他認為，死者分子振動所產生的波及其所帶有的祖先的影像能夠在與死者有親屬關係的生者的分子振動中引起相應的反應（這與我們所說的神秘的心靈感應有些相似）。這是復活探索的方向之一。

這種復活方法也並非費奧多洛夫首創。聚合死者之離散粒子成為復活之體的思想可以追溯到早期基督教思想家的觀點。由於對復活的許諾是基督教信仰的重要支柱❸，因此在西元後的前幾世紀，一些基督教末世論思想家就同多神教哲學家如伊壁鳩魯主義者，斯多葛派、新柏拉圖主義者展開鬥爭，他們為「死者有希望復活」作論證而提出各種根據，其中尤以格列高利（尼斯的）（Gregorius Nyssenus，約335-394）的論據別具一格。人們反對復活的主要根據是人死後便有肉體毀壞和分解這一事實。對此格列高利（尼斯的）的解答是：儘管死者的身體完全分解為最簡單的粒子而擴散到自然

---

❶ 同❷，c. 365-366.

❸ 在《新約》中使徒保羅論述了「基督復活是信仰的根據」：「因為死人若不復活，基督也就沒有復活了。若基督沒有復活，你們的信仰便是徒然」（〈哥林多前書〉，15: 16-17）。

界之中，但這些粒子本身不能消滅，因為世界萬物都是終究不滅的。並且每個離散的粒子都帶有某個人的肉體組織的特有屬性，這些屬性是靈魂賦予的，而靈魂是肉體組織的「基質」， 是肉體形式保持和發展的活的動因。在肉體死亡並分解後，靈魂依然保留著原有的統一體的趨向。這樣，復活的過程便可以想像了：散布於各處的、原屬於某個身體的粒子按照靈魂所賦予它們的規律重新結合起來。

可見，費奧多洛夫利用了格列高利的思想材料。只是有所不同的是，在末世論思想家那裡，離散粒子的聯合是依靠上帝的意志和力量，是上帝在復活日的一次行為的結果，而費奧多洛夫所討論的這種復活方法主要強調的是實踐證明原則——這是一個關於未來的方案，是一種必須以事實來檢驗的假說。如果對格列高利來說這項事業是人類在世界末日所消極接受的，那麼費奧多洛夫所指的是對我們自身和世界存在的認識和改造以及對人類歷史的終極命運問題的解決。所以他又在最一般意義上把復活之路定義為「變自然的盲目力量為自覺力量」。

人是複雜多面的整體。人不僅有獨特的生理面貌，還有各自的精神氣質、心理特點、自我意識等等。因此人的復活不是機體的簡單複製。費奧多洛夫探討了復活祖先的另一種方式，這是從人類世代之間的繼承性出發的。他一再強調必須仔細研究前世的人們，了解其生命的方方面面、細枝末節，重現他們的形象和生活，即便是先在思想上、理論上。在他所設想的走上了「共同事業」之路的理想社會中，大家都成為研究者和自我研究者，所有人都持有心理生理學的日記，用來記錄和研究父母的生活。人在進行深入地自我認識的時候，就會發現自己的秉賦和志趣不能在自己的生命本身找到解釋，這就要求他進一步認識自己從何而來，亦即認識自己的父

母⑭。因為人的靈魂是由父母這兩個形象、兩種生平疊加成的一個樣式。隨著對父輩及祖先留給我們的遺傳信息和特點的認識方法的完善化和精確化，「於是在每個人的靈魂中就都有了一個對父母形象的準確規定。假如普遍復活可以直接依賴於思想，那麼它就能夠實現了」⑮。這樣，當前的任務，若用我們現代語言來說，就是建立關於全部人類祖先的遺傳學的「古生物學」，認清人類的全部「遺傳密碼」。於是，按照費奧多洛夫的設想，就會出現這樣的圖景：兒女復活父母，父母再復活自己的父母，依此類推。這樣就將逐步實現一家一家、一代一代的普遍復活。也就是說，我們可以從自身、從我們對祖先遺傳因素的全面認識中重建祖先機體組織的遺傳「密碼」，依此來把收集起來的粒子重建成完整的機體。

這些都近乎離奇的幻想。但這些方面在現代分子遺傳學、現代科學對構建活分子和活細胞之方法的探索中，也能找到若干相通之處。此外，這與控制論奠基人維納 (N. Wiener, 1894–1964) 關於人的「密碼化」思想有相似之處。維納在其著作《控制論與社會》(*Cybernetics and society*) 中提出這樣一種可能性：把人變成包含著他的一切信息的傳達信號，而按照這種信號便可以在另外的地點、依據另外的材料複製出這個人。但這樣還沒有完全解決人的個體性問題，只是重建了特定的機體結構，尚未充實以具體的個性內容。因為人的個體性不僅由遺傳來決定，更在於各人獨特的感覺、反應、思想和自我意識之中。那麼，在哪裡和怎樣保留逝去者的自我意識？重建了機體的獨特的遺傳結構是否足以恢復他的意識？還是必須進一步找到他的「靈魂」？費奧多洛夫確信，對這些問題與疑慮都可以

---

⑭　同❷, c. 406.

⑮　同❷, c. 409.

由全人類的前所未有的和宇宙規模的研究和探索給出解答。「共同事業」之進程與結果將昭示人類應走向何方，應在哪裡找到這些問題的解決。

雖然這些問題的最終解決還在遙遠的未來，但在目前來說，有一點是無可置疑的：死亡本身，它的原因，死亡過程中人體組織所發生的變化，特別是死後狀態如何，這些都應進入研究和實驗範圍之內。

人死後留下了什麼？果真有某種不死的靈魂離開死者的軀體飄然而去嗎？那麼它去哪裡？以何種方式存在？對此，早有各種神話傳說的不同回答。也早有無神論者的斷然否定。然而直至科學發展的今天，人類仍未能對關於死後靈魂的神秘現象做出充分可靠的解釋。白俄羅斯物理學家和哲學家馬涅耶夫(А. К. Манеев)在《科學二律背反的哲學分析》一書中對人死後靈魂和復生作了有趣的說明。他認為，古代被稱之為靈魂的東西，亦即個體自我意識的載體，具有一種生物場的負熵本性，這種本性在人死後依然保存著。他寫道：「既然某種被發射出的場（譬如無線電波）可以不依賴於其源泉而獨立存在，卻不妨礙其載有相應的信息，那麼，生物場的存在也同樣是可能的，這種場是在有機體死亡之際被發射出來的，但仍然保存著關於有機體的全部信息。以此信息為依據重建生物體系在原則上是可以設想的，正如生物之個體發育是在先前的遺傳信息基礎上形成的一樣」**⑯**。馬涅耶夫表示相信，人類的知識具有無限威力，終將可以戰勝死亡並能夠在生物場信息系統的基礎上使一切死去的人復活，只不過是以新的、更完善的形式、在無蛋白質基礎上的復活。

---

⑯ Манеев А. К.: *Философский анализ антиномий науки.* Минск, 1974, с. 130–131.

　　但費奧多洛夫的復活方案不同於科學幻想作品中的生命重現，那裡的死而復生是科學發明的某種不死或復活方法的實現。而在費奧多洛夫學說中，復活首先是「每一個人子的個人事業」❶，不是客觀的冷漠的科學過程，而包含著深深的內在情感、高度的道德義務感，而且在這一過程中人子自身也達到了高度完善。「普遍復活不是從石頭、畫布等中作出的藝術作品；不是無意識的誕生，而是依靠天地間所有的一切，從我們之中再造出全部逝去的祖先，正如從火中生火一樣」❶。

第三節　復活是改造

　　批評者每每指責費奧多洛夫的復活祖先學說是「招魂巫術」、「僵屍復活」。但他一再強調復活過程中的改造方面——復活是對人與世界之現實改造的結果。在人類尚處於有限的生理組織階段，具有寄生生活的肉體類型階段，復活是不可能的。完全的復活是重新創造，不是具有昔日的物質本質的祖先的原封不動的復活，而是把他們的物質本質改造成一種更高級的存在物。正如復活的促成者一樣，他們已達到了不死——不再經歷傳統意義上的死亡，而只經歷舊的物質組織的死亡；作為個性自我意識的「自我」依然保存，而其物質載體，即肉體，已成為另一種有機體。

　　費奧多洛夫也不止一次地指出，一切天賜之物，自然的盲目存在，都應當由人靠勞動來「贖回」，代之以可由意識來調節的存在物：「我們的身體將成為我們的事業」。他把基督教關於恢復原有之

---

❶　同❸，II, c. 274.

❶　同❷，c. 152.

亞當的思想加入了積極的創造成分：在復活事業過程中創造出具有較之從前之人、甚至天堂之人更高水平的、新質的人。這種人具有完善的器官，這是人的創造和自我創造的成就之一。這樣的人將能夠依照飲食、生存和活動環境來創造和改變自己的組織器官。「在共同存在、完善器官的條件下，一切個人都是不死的，而傳承性只是個人的自由行為，是形式的改變，是旅行。比如說，在這種情況下，更換器官就如同換乘馬車和更換衣服一樣輕而易舉（也就是說時間將不對人產生影響，它將成為人的行為、活動）」❿。

如果說取代了自然的世代更替、實現了個人的共同存在的復活是人類戰勝了時間，那麼，使人有可能「無處不在」的完善器官，則是人類征服了空間。但與各種神秘主義有所不同的是，對費奧多洛夫的方案來說，駕馭時間不是別的，正是對生命過程的有向調節，而征服空間也不絕對等同於上帝的「無處不在」： 上帝是同時性地遍布於全世界，而人則是繼時性的「無處不在」， 實現了名副其實的「無限雲遊」。

從末日審判到神化世界的來臨，在基督教末世論者那裡被想像為「災難的瞬間」， 而對費奧多洛夫來說，則是改造人與世界的創造性勞動的漫長過程。而且，新的世界狀態是靠已擺脫了死亡的人們的共同努力來維持的。改造活動事實上沒有終結，因為邁入永恆正意味著全部宇宙之善與美的無限創造和自由勞動的開端。

為什麼理想的、神化的世界總被設想為幸福光明的、靜止不動的狀態呢？因為在自然宇宙範圍內，運動、變化、生成都伴隨著個人的喪失和個性的毀滅，因此非自然的、無死亡的世界就被想像成在自然生成之流以外的、絕對不變的、純潔無瑕的存在境界（諸如

---

❿ 同❷, c. 438–439.

柏拉圖的理想國和基督教的天國）。 而費奧多洛夫把這種理想之境
設想為積極勞動的動態過程，創造性的發展過程。

「共同事業」學說中的復活方案還具有宇宙學參量。復活問題
必然要超出地球界限，是因為我們地球的空間和資源不足以容許普
遍復活。

> 「只要地球仍將孤立於其他世界，則永久的生存即是不可能
> 的。每一個獨立化的世界都因其局限性而不可能有不死的生
> 物。每個星球上供給生命的資源都不是不可窮盡的，即使資
> 源再多，死亡也終有一天會因生存資源不足而降臨此地」。[20]

復活方案與走向宇宙之聯繫還由於，若不走向宇宙，則復活的人類
將無處容身。

第四節　歷史背景下

回歸「黃金時代」，長生不死，死後復生——這是人類的永遠夢
想。這種夢想以各種表現形式出現，在世界文化史上屢見不鮮。它
們大致可分為三種歷史形式。在古代，通過神話、魔法和巫術等原
始形式表現出來；後來，則在各種宗教學說中被理論化、系統化，
如佛教的生命輪迴和基督教的復活觀念。近代以後，隨著實驗科學、
自然科學與技術的異軍突起和突飛猛進，使人類生活和世界大為改
觀，這又給不死和復活的古老夢想提供了新的證據。在這種科學技
術力量的鼓舞下，一些科學家和思想家就提出通過科學技術的物質

---

[20]　同❸，II, c. 276.

手段（而不是神話與宗教的神秘主義）達到肉體不死和復活的大膽
假說。

早在十八世紀，英國科學家、教育家普里斯特利(Joseph
Priestley, 1733–1804)就曾說過：「我相信死人復活的學說……死亡
隨之而來的是腐朽，也就是分解。但既有分解，就有可能重新結
合」❹；法國大革命時代的哲學家和政治活動家孔多塞(M. J.
Condorcet, 1743–1794)在描繪人類精神的歷史發展圖景時提出，在
人類進一步完善的進程中，人的壽命將日益延長，甚至可能達到肉
體不死。到了十九世紀，另一位法國思想家勒南(Ernest Renan,
1823–1892)在確定人類發展的理想目標時寫道：「是的，我贊同復
活的可能性……在不斷進化的最終階段，若宇宙達到一種絕對存
在，那麼它將使所有人的生命達到完善，它將使一切逝去的生命得
到再生……當全能的知識掌握於公正善良之人的手中時，他們就將
要復活過去，以便糾正過去的無數不公」❷。俄國哲學家赫爾岑在
早期著作《自然研究通信》(*Письма об изучении природы*, 1845
–1846)中生動地描繪了現代科學的復活力量：

> 「逝去的世界聽命於科學之強音而從墓穴中站立起來……此
> 時此刻，一切曾有過的生命將在人的理性中復活，所有人都
> 擺脫了被不留痕跡地遺忘的可悲命運，那些作為現象存在已
> 完全消滅乃至化作骨灰的人，都將在科學的光明殿堂中得以
> 再生」。❷

❹　*Английские материалисты* ⅩⅧ *века*, Т. 3, М., 1968, с. 283.

❷　Ренан Э.: Собр. соч., том5, с. 171.

❷　Герцен А. И.: Собр. соч. в 30–ти томах, Т. 3, М., 1954, с. 93–94.

雖然科學發展所帶來的樂觀精神在現代社會受到很大打擊，但直到本世紀，仍有許多關於「長生不死」的科學設想。法國人類學家夏爾丹（德日進）在他的能動進化論學說中就直接提出個體不死問題。在他的「理智圈」進化前景中，不僅包括人的集體創造力的作用，而且強調對人的個體本質進行改造、開發個體大腦資源、擴大意識領域的重要意義。他認為，如果說在動物進化階段以削弱個體特性來取得種族生存與延續的勝利，那麼從人開始，即人化的宇宙，這種現象已經是時代的殘餘了，而且是悲劇性的殘餘，需要以新的方式取而代之——就是獨立個性的永恆存在。

從上述歷史背景下來看，費奧多洛夫的復活學說既不同於神話與巫術的蒙昧主義，也不同於宗教神學的信條，而是同近代科學技術對生命現象的探索緊密相關的。其中不僅反映出人的完善道德感，也反映出人類的現實利益。他多次直接反對神秘主義的復活觀。他指出，神秘主義的復活手段是一種幻想或欺騙，「在這種情況下，復活本身不是通過自然認識和對盲目力量的駕馭亦即經驗認識的光明大道而實現的，而是由神秘的、黑暗的方式造成的，這種方式被看作是魔法，譬如招魂術者的變物法術。神秘主義屬於那些對自然認識薄弱的、尚不成熟的種族，或那些已經沒落的、對以自然知識之路解決「生死」問題已經絕望的種族。也就是說，神秘主義不提供解決死者復活問題的現實手段」❷❹。

費奧多洛夫反對神秘主義把復活理解為純粹精神活動，即天才在彼岸世界的靈魂不死，而主張靈魂與肉體的共同復活，而且這種復活是此岸的。他寫道：「應當確認，復活之偉業應在此岸世界實現，雖然它的舞臺是整個宇宙。無需到天邊去尋找眼前即可找到的

❷❹　同❸，Ⅰ，c. 439.

東西」❷ 。

　　當然，在對無限複雜的人的生命現象的探索中，費奧多洛夫亦難以超脫時代的局限和個人的偏狹。以現實的科學精神反對蒙昧的巫術和抽象的信條，這可謂是一種進步。但「神秘主義」現象本身是複雜多面的，恐難一概完全否定，尤其是對於人這個「奧秘」來說。費奧多洛夫對神秘主義的全盤否定，有一種自然主義和庸俗唯物主義傾向。因為人的精神個性畢竟無法以自然的物質方式便可複製。而且，應當承認，「在世界生活和人的生命中，有著某種模糊不清的、非理性的根源」❷ 。人之「迷」，也正在於此。費奧多洛夫則對此不以為然。

---

❷　*Вопросы философии*, 1990, No. 11, c. 80.

❷　別爾嘉耶夫語。см: *Путь*, Париж, 1928, No. 11, c. 93–94.

第十章　自然調節

人活天地間。世界與人的關係，是人類全部哲學思考的軸心。縱觀思想史，不難發現東西方文化的一大差異：東方重於人與世界的渾然一體，故有「天人合一」、「梵我如一」、「道法自然」之說；西方則偏好人與世界的二元分立，故有古代哲學的自然宇宙觀與宗教人本主義之分、近代哲學的自然本體論與唯心主義之分、現代哲學的科學主義思潮與人文主義思潮之分。在此，世界與人分別被視為兩個本原與核心，從而對二者的關係作出不同的解釋。

與此類似，俄羅斯思想史上也存在著兩大哲學流派：人本主義（人中心論）和存在—宇宙論。哲學人本主義在俄羅斯具有深厚傳統，可以上溯到俄羅斯古代文學❶；後來有十八世紀哲學家拉吉舍夫，他被認為是「為人類的苦難而傷痛」的「俄羅斯知識分子的始祖」❷；有十九世紀的車爾尼雪夫斯基 (Н. Г. Чернышевский, N. G. Cherneshevsky, 1828–1889)❸；有索洛維約夫以及俄羅斯古典文學的代表果戈理(Н. В. Гоголь, N. V. Gogole, 1809–1852)、陀思妥耶夫斯基、托爾斯泰等。具有存在—宇宙論傾向的思想家有羅蒙諾

---

❶　см.: Лихочев Д. С.: *Человек в литературе древней руси.* М., 1970.

❷　別爾嘉耶夫《俄羅斯思想》，三聯書店，1995，第27頁。

❸　參見《十八—十九世紀俄國哲學》，北大哲學系編，第316–378頁。

索夫(M. B. Ломоносов, M. V. Lomonosov, 1711–1765)、奧多耶夫斯基 (B. Ф. Одоевский, V. F. Odoevsky, 1803–1869)、丘特切夫 (Ф. И. Тютчев, F. I. Tiutchev, 1803–1873)、蘇霍沃—科貝林 (A. B. Сухово -Кобылин, A. V. Suhovo-Kobyilin, 1817–1903)等。當然，這兩個流派之別僅在基本趨向上，並無嚴格界限。而且人本主義者所追求的並非脫離環境的個人中心的人，宇宙論者也並非只關心純粹自然。但這兩個流派作為不同思想家的思想傾向，確實反映了俄羅斯思想的兩個方面。

費奧多洛夫之所以在俄羅斯思想史上占有特殊地位，在一定意義上說，就是因為他的學說自覺不自覺地將上述兩個思想流派結合起來，把人的命運和宇宙命運結合起來。在他的自然調節方案中，一方面，人是調節者，是使自然合理化的保障，人的道德標準獲得了本體論地位；另一方面，只有在戰勝了盲目力量的、和諧的宇宙中，人才能得到充分的自我實現。

人與自然關係的思想具有時代特徵。在科學技術初次展示無限威力的十九世紀，相信人能徹底征服自然、改天換地這種樂觀主義十分流行；到了二十世紀下半期，資源、生態、人口等一系列全球問題向人們警示了人的活動之限度，人與自然和諧相處的環保意識深入人心。費奧多洛夫思想畢竟是十九世紀的產物，而且他生活在自然災害尤為嚴重的俄國。他的自然調節思想的重要動機之一就是要以人的理性和力量戰勝千百年來危害人民的諸如乾旱、洪水、瘟疫等破壞性的自然力。這是無可非議的，而且這種鬥爭仍將繼續下去。但是，費奧多洛夫的觀點並不像有些人認為的那樣，視原始的自然為人與社會之敵❹，而是要將自然過程從盲目自發階段調節到

---

❹　Карабчиевский Ю. О.: "Воскресние Маяковского"—*Театр*,

新階段——符合理性與道德的階段，也就是使自然具有秩序和合理性，不再肆虐害人。他曾明言「自然是暫時的敵人，卻是永遠的朋友」❺。

「自然調節」是「共同事業」中「祖先復活」之外的另一基本方面。「調節和支配自然力也是一項偉大事業，它能夠和應當成為共同事業」❻。因為費奧多洛夫相信，當人不再是自然演化的消極部分而成為積極力量時，人類的知識、理性和道德將使世界進程進入一個新階段。

這一普遍調節過程具有內在和外在兩方面。內在方面即人的心理生理調節，支配人自身之中的盲目力量（自然需要和欲望）；外在方面又包括從地球到宇宙的幾個層次：⑴氣象調節，其對象是整個地球；⑵星際天文調節，其對象是太陽系；⑶普遍的宇宙調節，其對象是無限宇宙。

第一節　氣象調節

如上所述，費奧多洛夫「自然調節」思想的直接動因是十九世紀九〇年代俄國的自然災害泛濫：先是乾旱無雨，繼而又是暴雨冰雹，造成連年飢荒，奪走了成千上萬人的生命。所以在《共同事業的哲學》中作者以樸素的「非學人」的語言論述了自然調節的兩個基本問題——糧食問題和衛生保健問題。這是人在控制盲目自然力保護自身生存的事業中所要解決的兩個最根本問題。「飢餓和死亡

1989, No. 9, c. 186.

❺　Федоров Н. Ф.: *Сочинения*, с. 521.

❻　Федоров Н. Ф.: *Философия общего дела*. I, с. 5.

的發生緣於同樣的原因，因此復活的問題也是擺脫飢餓的問題」❼；
「恢復整個人類的肉體和靈魂健康，不僅擺脫慢性病和流行病，而且擺脫遺傳的機體缺陷（指必有一死，這是當今之人所具有的最基本的不完善），——這就是衛生保健問題的內容。」❽

　　早在十九世紀初，俄國科學家卡拉津就提出過控制天氣和運用大氣上層的電力來滿足人的需要的具體方案。費奧多洛夫對此給予高度評價，稱卡拉津不僅是氣象一學家，而且是第一個氣象一法師，不僅停留在對現象的消極預見，而且敢於進行現實調節。正在俄國發生嚴重旱災的1891年，美國成功地進行了幾次利用炮彈做人工降雨的實驗。這個消息對於費奧多洛夫來說是「一個福音，人類所發明的用於彼此消滅的手段正在成為解拯人類於飢餓的手段」❾。

　　費奧多洛夫的氣象調節方案包括如下部分：⑴控制大氣過程（克服氣象的「破壞性」——乾旱、洪水、冰雹等）；掌握氣候，建立土壤、森林和水之間的良性關係，提高其自然產品率；⑵調節地震一火山現象；⑶大地調節（合理利用地下資源；將來把出自礦井的金屬代之以來自大氣和其他宇宙天體的金屬；⑷太陽調節（利用太陽能，以此取代難以開採的煤炭）。

　　雖然設想了諸如此類的方案，但費奧多洛夫完全明白，問題不在於這些半未來主義的夢想，而在於未來的科學探索事業；這種「共同事業」方案的哲學意義僅在於，它仍以最一般的形式論證了自然調節的必要性，指出了自然調節所要改造的主要對象。這已成為具體科學的預見。例如，調節氣候，使作為共同家園的地球「風調雨

---

❼　同❺，c. 351.

❽　同❻，II，c. 316.

❾　同❺，c. 56.

順」❿；駕馭地球本身的運動（「人類不僅應作為地球船的閑暇乘客，而且應成為它的乘務員」⓫）；尋找新能源，掌握太陽能等等。

俄國詩人勃留索夫 (B. Брюсов, V. Briusov, 1873–1924) 在回憶他 1909 年同比利時詩人、劇作家維爾哈倫 (É. Verhaeren, 1855–1916) 的談話中寫道：「我們在談論飛行。維爾哈倫說，我很高興我活到了人類駕馭空氣的時代。人應當統治自然力、水、火和空氣。人甚至應當學會控制地球。令維爾哈倫感到驚訝的是，我告訴他，他的這一思想已被俄國思想家費奧多洛夫長老預先想到了」⓬。

但費奧多洛夫從來沒有迷惑於對自然的掠奪式的「征服」，相反，他在當時就已經意識到了人在地球上的鼠目寸光的功利主義的剝削活動將要造成的災難後果：

> 顯然，人已盡其所能地作了一切惡，無論對自然（因掠奪而使自然荒蕪和枯竭），還是對他人（發明殺人武器和彼此消滅的手段）。⓭

> 土地貧瘠，森林消失，氣象惡化，表現為洪水和乾旱，——這一切都證明將有一天會「大難臨頭」，這提醒我們對此類警告仍不可掉以輕心……就這樣，世界走向末日，而人甚至以自己的活動促進了末日的接近，因為剝削性而非建設性的文

---

❿　同❺，c. 356.

⓫　Там же, c. 360.

⓬　Брюсов В.: "Новые книги Эмиля Верхарна." —*Русская мысль*, 1910, No. 8, c. 6.

⓭　同❻，I，c. 3.

明只能導致加速末日來臨的後果。**⓮**

與此相反，「自然調節」所指的是對自然進行合理調節，「使自然具有理性和意志」，對自然進行恢復和創造性的工作。

第二節　走向宇宙

「自然調節」的下一個階段是把地球變成宇宙飛船（「地球輪」），人可以駕駛此「輪」走向宇宙。這裡包含一些如今看來是不現實的幻想，比如使地球脫離固定軌道進入宇宙空間，按人自己設定的航向運行等等。但這裡也有一些思想的大膽創新，為人類後來的宇航事業提供了方向，這使得費奧多洛夫成為俄國宇宙論的先驅之一。例如，他提出：「地球並非人的界限」；「人類活動不應只限於地球範圍內」；「應當認為地球只是一個出發點，而我們的活動場所是整個宇宙」**⓯**。

這雖然還僅僅是一種理論設想，一種哲學思想，但人類的許多實踐創造都來自理論的創新。俄國宇宙論科學家和哲學家齊奧爾科夫斯基 (К. Э. Циолковский, K. I. Ziolkovsky, 1857–1935) 是宇宙火箭技術的最早研究者之一。他的宇宙哲學深受費奧多洛夫的宇宙調節方案的促動。齊在青少年時代就崇拜費奧多洛夫並聽教於他。後來稱他為「可愛的哲學家」。繼費奧多洛夫之後，齊奧爾科夫斯基在《噴氣飛行器》一書中寫道：「地球是理性的搖籃，但不能永遠生活在搖籃裡」；「全部本質在於從地球遷居到宇宙。應當去迎接

⓮ 同**❺**，c. 301.

⓯ 同**❻**，c. 514; c. 283–284; c. 292.

『宇宙哲學』」❶。顯然，這種觀點同費奧多洛夫的走向宇宙方案相當接近。因此可以說費奧多洛夫是「宇宙哲學」的代表。

在「自然調節」方案中，人類超越地球走向宇宙首先有多種必要性，既有自然方面的，也有社會經濟和道德方面的。首先，在地球範圍內不能達到充分調節，因為地球依賴宇宙。所以完全的調節是整個宇宙的普遍調節。

其次，全部現有人類文明都是建在地球之上的，而地球資源是有限的，地球本身的壽命也不是無限的。那麼人類遙遠未來的命運如何呢？

> 關於地球的命運問題使我們相信，人類活動不應當只在地球界限之內。我們應當捫心自問：關於地球將來命運的知識，關於地球必將終結的知識，有沒有賦予我們某種責任？❶

在當代哲學和科學著作中，有人預言未來人類文明必將毀滅。費奧多洛夫早在十九世紀就設想，隨著人口日益增多，在地球資源枯竭或太陽最終熄滅的情況下，人類的唯一出路是走向宇宙，尋找新的居住環境，首先是改造太陽系，然後是改造更遠的宇宙空間。

走向宇宙還是一種道德要求。這也是為復活祖先作準備：在無限宇宙為他們尋找棲身之地，因為只有地球是遠遠不夠的。「對我們的居所和墓地的毀滅袖手旁觀、坐以待斃，這不僅是活著的一輩人的自殺，而且是在斷送未來和全部過去，這不僅是對兄弟的犯罪，

---

❶ Циолковский К. Э.: *Реактивные* летательные аппараты. М., 1964, с. 140.

❶ 同❺, с. 360.

而且是對父的犯罪」——這是完全背棄道德的。「當然，也可以拒絕道德，但這就意味著拒絕做人」❶⑧。

「俄羅斯，俄羅斯，你這廣闊空間預言著什麼?」——對於偉大俄國作家的這一問題，費奧多洛夫的回答是：「我們的空間為的是向太空過渡，那裡是建功立業的新場所」⑲。

在費奧多洛夫看來，當今人類自身有兩種相互聯繫的局限性：「空間上的局限性阻礙了理性存在物對全部宇宙世界的全面作用，而在時間上的局限性——死亡，則阻礙了歷代人對全部宇宙的同時作用」。⑳克服第一種局限性的辦法是向宇宙遷居，獲得「無限遷移」的能力；克服第二種局限性的辦法則是征服有死的存在狀態和復活死者的生命。而不死只有在同時進行宇宙調節和克服地球與宇宙分離的條件下才是可能的:「每一個孤立的世界由於自身局限性而不可能有長生不死的生物」㉑。

費奧多洛夫宇宙論的另一重要思想是關於地球上所發生的事件同整個宇宙的相互聯繫、相互影響。這種思想在某種意義上成為宇宙生物學的先聲。

> 農業豐收或地球上一般動植物生命所依賴的條件，不僅僅限於地球自身……豐收或欠收所直接依賴的全部氣象過程……全部地球天文過程都應進入農業經濟領域。㉒

⑱ Там же, c. 361.
⑲ Там же, c. 358.
⑳ 同❻，II，c. 58.
㉑ 同❺，c. 350.
㉒ Там же，c. 422.

氣象……和天文過程……的統一為把自然調節擴展到太陽系及其他星系提供了基礎。**㉓**

二十世紀，研究地球過程同宇宙過程的相互作用，已成為一個科學流派。俄國科學家齊熱夫斯基 (А. Л. Чижевский, A. L. Chijevsky, 1897–1964)從二〇年代開始研究了大量統計資料後指出，自然災害及流行病、傳染病的周期同太陽活動周期相符合。後來的進一步研究和實驗顯示：地球生物的生理和心理方面同宇宙的物理現象有關；就像靈敏的神經中樞一樣，大到整個生物圈，小到每一個活細胞，都對「宇宙信息」作出反應，這一信息使「大宇宙」進入地球生物。地球生命現象本身是整個宇宙活動的產物。此物彷彿是一個焦點，匯聚和折射了創造它的光線。

> 如我們所見，生命在一定程度上更是一種宇宙現象，而非地球現象。它是由宇宙的創造活動對地球的惰性材料的作用所創造的。它的生活同這些宇宙力量的進程息息相關，機體脈搏的每一次跳動都符合於宇宙心臟——這個由星雲、星體、太陽和行星構成的巨大複合體——的搏動。**㉔**

宇宙生物學奠基人齊熱夫斯基已不是作為思辨哲學家和自然哲學幻想家，而是作為嚴謹的科學家，打破了視生命與人隔絕於宇宙的形而上學世界圖景。他確信，尚且剛剛開始的對地球同宇宙相互聯繫的科學認識，將為駕馭地球和宇宙提供可能。而哲學家費奧

㉓ 同**❻**，II, с. 252.

㉔ Чижевский А. Л.: *Земное эхо солнечных бурь.* М., 1973, с. 33.

多洛夫早在十九世紀就堅持這種觀點。

第三節　人體改造

在涉及一切空間和深入一切時間的宇宙調節中，也包括對人的機體的相應改造。因為人體也是自然的產物和自然界的一部分，人體的某些自然屬性是和人的內在精神相敵對的。按照費奧多洛夫的思想，對人的機體的調節就是對其中的所有部分和全部過程的深入認識而達到對它們的完全把握和自覺支配。

「共同事業的哲學」中指出了將來對人體物理結構進行改造的基本方向。一方面，費奧多洛夫完全理解人造手段和工具的意義：它們擴展了人自身的能力，成為人自己器官的延伸，為人提供了各種新的可能性：汽車使人奔走如飛，望遠鏡和顯微鏡無限擴大了人的視野，飛機火箭（在當時是熱氣球）代替了想像中的人的翅膀，等等。「人在地球上生存空間的擴展也要伴隨著新的（人工）器官被創造出來；……而走向太空（超越地球）則要求在這方面的根本改變」[25]。就是使人的器官具有走向宇宙空間的「航空和航天」的能力。

但是，另一方面，費奧多洛夫又把對人的改造理解為對人的機體組織及其與周圍環境之關係的根本改造。這是祖先復活和長生不死的任務的客觀必然要求。因為人若保持現在這樣的身體狀況，就不可能成為不死的。

迄今為止，人的活動的擴展，人對自然力的控制，還主要是依靠作為自身器官之延續的人造工具來實現的，也就是借助於機器和

---

[25] 同[5]，c. 359.

技術手段。人類在這方面取得了巨大成就，甚至把古老童話的幻想變成了現實，如使人行走如飛的快靴、帶人飛行的飛毯（俄羅斯童話故事中的神奇之物）等。但是，人在不斷發展技術的同時，卻沒有對自身的自然機理的改變有所圖謀，而是嚴守其原有的規範與界限，甘於自身的生理和智力之局限。自人類有史以來，人體生理機能方面彷彿沒有任何改善。不僅如此，而且隨著技術能力的提高和擴大，人自身變得愈來愈柔弱和嬌嫩。如今，技術之強大與人自身之弱小之間的斷裂日益增加，已達到令人驚愕的境地，甚至開始令人驚恐。

當然不可否認技術的意義。但應使它適得其所，不可無限膨脹，乃至成為人的主人，而人變成機器的奴隸。費奧多洛夫認為，技術的發展只是暫時性的，只是人的發展的側枝，而不是主幹。應當使人將自己的智慧和想像力不是訴諸器官的人工延伸（技術進步），而是訴諸器官本身，訴諸對器官本身的「改善」、發展和最終根本改造（使人不是靠飛機、望遠鏡，而是能自己飛翔，自己看得遠，等等）。這是心理生理調節和「機體」進步的任務。

> 只有當人自己能夠以最原初的物質、原子、分子來重構自身的時候，人才能達到太空和一切太空世界，因為只有那時人才能適應一切環境，接受一切形式[26]……

費奧多洛夫提出，必須深入研究植物的營養機理，可能依照這一機理對人體進行改造。熟知他的思想的俄國科學家維爾納茨基則不僅僅是夢想這種改造的必要性，而是預言了人類成為自養型生物

[26] Там же, c. 501.

的必然性。什麼是自養? 人是通過攝取食物同環境發生關係的。現
在的人是異養型生物, 也就是人的生存要直接依賴於其他生物或其
活動產品。只有植物(不包括某些菌類)是自養的生物, 也就是其
有機體是依靠周圍環境的死物質(氣體、溶液、鹽類等)而存活的。
維爾納茨基認為, 人類的進一步發展在於「在解決社會主義所提出
的社會問題的同時, 改變營養方式和人類獲取能量的來源」, 這裡
所指的是掌握太陽能, 以及「不通過有機物而直接合成食物」, 學
會像植物那樣靠基本的自然無機物來維持和重建自己的有機體。

> 這種現象在生物圈機制中的後果是巨大的。這將意味著, 統一
> 的整體——生命又會重新分化, 出現第三個獨立的分枝……人
> 類理性通過這條道路不僅會創造出新的巨大的社會成就, 而
> 且將給生物圈機制引進一種新的地質現象……
> 最後, 人的未來大部分將是他自己所創造的。新的自養型人的
> 造成將給人的永恆的精神追求提供前所未有的可能性……㉗

這樣, 積極改造周圍世界的人也應當和可能調節自己的自然屬
性, 令其沿著內在道德所主使的方向發展。

這裡所說的與食物的工業合成有關。還在費奧多洛夫在世的時
候, 法國化學家貝特洛(P. M. Berthelot, 1827–1907)就進行了這方
面的試驗。貝特洛之友、法國哲學家勒南據此幻想這樣一個未來時
代:

㉗ Вернадский В. И.: Автотрофность человечества. — в кн.: *Труды
биогеохимической лаборатории*, Вып. 16, М., 1980, с. 242–243.

「可以設想，當化學找到了效仿植物機理的方法，從空氣中
分解出炭酸，製造出比植物和食草動物所吃的食物更高級的
食物的時候，將發生一場社會革命。當人擺脫了為生存必須
殺生的一天，當肉鋪的可怖場景不復存在的一天，這天也將
標誌著情感發展的進步」。⑳

　　但關於人的自生性思想要比化學合成食物更積極，所指的是獲
得人與環境進行物質交換的全新方法。維爾納茨基在《地質化學概
論》中寫道：「在植物中，太陽能就轉換成了可創造有機體的形式，
這種有機體具有原則上的不死性，這不僅沒有減弱、反而增強了原
初的有效太陽能」㉙。他還認為，實現了植物自養的「神奇」的葉
綠素很接近人血液中的血紅素分子。實際上，費奧多洛夫就已提出
了這樣的現實任務：變營養過程為「人的自覺創造過程，將基本的
宇宙物質轉化成礦物質，再轉化成植物，最後轉化成動物組織」㉚。
他認為這是人達到不死之事業的一個努力方向，是達到「自因」的
條件之一：人應當敏感地進入自然過程，以便效仿自然的方式——
只是要在更高級的、自覺的水平上——更新自己的機體，給自己造
出新的組織器官。

　　後來，齊奧爾科夫斯基在《未來植物，宇宙動物，自生》(*Рас-
тение будущего, Животное космоса, Самозарождение*, Калу-
га, 1929)一書中也設想了未來的人，「宇宙動物」，可以直接攝取陽
光和周圍基本物質為養料，而成為不死的。

---

⑳　Ренан Э.: *Собр. сочинения*. Т. 5, Киев, 1902, с. 156.

㉙　Вернадский В. И.: *Очерки геохимии*. М., 1983, с. 253.

㉚　同⑤，с. 405.

法國哲學家柏格森 (Henli Bergson, 1859–1941) 也具有相似的思想。他在其主要著作《創造進化論》(L'Évolution créatrice, 1907) 一書中，指出了生命發展的兩條道路：下意識本能之路和智力之路。本能本來具有使用甚至創造屬於機體的工具的能力，即改變自己的機體性能（如蛹能自己變成蝴蝶）。但作為手工藝者的人 (Homo faber) 卻沒有走這條本能進化之路，他創造了自己的人工「器官」，外在工具，用以操縱無機世界。這導致了智力的發展，與此同時造成了人對世界的機械態度。這就是生命進化的智力之路。柏格森強調，智力天生就不理解生命，而本能則是有機的，能內在地感受世界。假如本能能夠被意識所照亮，本能之域能被充分開發出來，就能進入到生命的最深處，破解生命之謎。本能是「生命組織工作的延續」。人的本能的萌芽之一就是直覺，通過直覺可以更迅速更深入地認識到或朦朧地感覺到事物的本質。直覺是通過同情、同感、與對象融為一體來進行認知的，此一瞬間克服了在對待世界的工具關係進程中發展起來的主客體分裂。

在柏格森看來，人還沒有獲得真正的人的定義 (Sapiens)，而只是工藝人 (faber)。這恰恰指出了當今之人的局限性。智力之路、單純技術發展之路本質上導致受奴役於物質。只有當人的意識善於「反觀於內並喚醒尚在沈睡的直覺之潛能」的時候，才可能擺脫這種奴役 ❸。

回到費奧多洛夫。他沒有作本能之路與智力之路的劃分或割裂，而是主張利用智力來擴展人的自然本能，補充人的局限性，自覺地掌握「創造器官」的能力。並且，這種未來的、自我塑造的、

---

❸　俄文版 Бергсон А.: *Творческая эволюция*. М., 1909, с. 120; 144; 141; 142; 156.

「完善器官」的人完全不是非人（機器人等）；　相反，他只是充分顯示了當今之人的夢想中所暗藏的東西。「雖然發生如此變化，但未來人與現今之人不會有任何本質區別，只是他比現在更是他本身了；……在現代人心中的思想、朦朧願望或方案性的東西，那時將變成現實的、清晰的東西，靈魂的翅膀將變成肉體的翅膀」**❷**。

費奧多洛夫以及其他某些哲學家科學家關於改造人體的設想並不都是「科學的」，　但也不應斥之為毫無意義的空想。因為科學並未囊括全部真理。他們的共同特點在於都試圖超出僅從理性和狹義的科學來理解人和世界及其相互關係這一局限性，而以動態的、發展的眼光看待人本身及其與世界的關係。科學技術的成就是巨大的。但它的高度發展並未解開某些世界之謎，更未解開許多人自身之謎。二十世紀已經公認了這樣一個思想：科學認識亦有自身的局限性，並非無所不能，它只能部分地解釋人與世界、人與自身的關係，所以才有非理性主義、直覺主義的市場，才有對無意識領域的探索，才有開發人體特異功能的嘗試。

作為哲學家，費奧多洛夫關於人體改造的思想還有另一個根本出發點：以道德為基礎，對人的理智、靈魂、肉體能力的全面改造，造就高度和諧的人。是的，雖然人的心靈淨化、道德修煉也具有重要意義，但只有使人具有極大的物質力量，才能達到完全徹底的身心和諧，亦即達到最高的善。這裡令人想起果戈理的一段話：「我們現在還在毫無意義地重複『啟蒙』一詞……啟蒙不意味著教導、或教訓、或教育，甚或照亮；而是使人不止在智力上，而且在全部力量上都完全光明，使人的全部本質都經過某種淨化之火的熔煉」**❸**。

---

❷　同**❺**，c. 504.

第四節　新科學

費奧多洛夫將自然調節事業之希望寄託於科學，但不是現今狀況的科學，而是所謂「新科學」。

按照費奧多洛夫的觀點，現今的科學具有抽象性、消極性；現代科學之方法和行為不過有三：一是在思想領域再現「世界形象」；二是在小範圍內複製生命現象，在實驗室中從事科學試驗；三是「痛苦地觀察生命所依賴的地球或太空條件」**㉞**。這只是對自然的理論把握或虛假統治，同時是對自然的死的基本規律的真正服從。純科學的非實用方面並不關涉共同災難，因此這種科學之成果在被用於工業文明的同時，只是助長了敵對。而科學的經驗—實用方面則成為「商業的婢女」，　只用來增加奢華和玩樂的對象和實現舒適的理想。

現今科學的開端是和城鄉分化、特殊城市階層的形成一道奠定的。鄉村與活的自然界相關聯，只以自然生命為生；隨著手工業與農業的分離，形成僵死的知識的基礎，這種知識即所謂主觀知識，它們只是在思想上或虛假地再現世界形象。一切手工業都要首先使植物或動物喪失生命，從一般進程中劃分出自己要加工操作的對象或物品。在這些工作中間就產生了科學；手工作坊是物理學和化學的搖籃。在這些抽象的科學之後，通過同樣的分析之路，又產生更加思辨的劃分。**㉟**

㉝　Гоголь Н. В.: *Полные собрания сочинения*. Т. 8, М., 1952, c. 285.

㉞　同**❺**, c. 314.

這樣，費奧多洛夫劃分了兩類知識：城市知識和鄉村知識。城市知識以對所研究現象的分析方法為基礎，在細致的專業劃分中把對象抽象化：

> 科學脫離人的生活條件來考察人，使人類學脫離宇宙學；同樣使靈魂脫離肉體，心理學脫離軀體學；後者又同樣劃分為生理學和解剖學；一句話，分析走得愈遠，其產物就愈是僵死的❸⓺。

但費奧多洛夫把這看作是「必要的先在因素，因為首先需要劃分、分解，以便以後加以重新組合、結合」。

與此相對立的是「鄉村知識」。 這種知識不脫離生活，與生命合而為一。費奧多洛夫解釋說，這裡「鄉村知識」是一個相對的、有條件的定義，是普通百姓的語言風格，帶有一定的比喻意義，不可僅就字面理解。這裡所要說的不是拒絕城市的科學技術成果，不是追求平民化的「返璞歸真」， 不是嚮往大自然懷抱的田園詩境，不是否定思想、知識，而是把思想注入自然：「無啟蒙便是死，無知識便是永恆毀滅，……自然以死來懲罰無知」❸⓻。可見，這裡不是拒絕科學，而是反對科學脫離生活、脫離道德、脫離生命之根本。費奧多洛夫所堅決提倡的基本要求是：知識不脫離善和幸福，向科學研究和技術發明之中加入明確的道德標準，就是使科學服從最高目標。

---

❸⓹ Там же, с. 316.

❸⓺ Там же, с. 316–317.

❸⓻ 同❻， I，с. 631.

　　科學的道德標準問題是人類經歷了二十世紀的戰爭之後所提出的問題。甚至出現了一門專門學科——科學倫理學。一種意見認為，道德標準是對科學思想和科學實驗的禁錮，是對科學探索自由原則的破壞；只在對科學成果的實踐利用領域才有道德與非道德之別。然而，對原子研究可能造成的普遍毀滅，對遺傳研究可能帶來的怪物統治，這些可怕的未來怪物的威脅就是因為不對科學研究本身的最高目標進行反思，沒有真正明白科學研究到底追求什麼和走向哪裡。倘若如此，科學就有可能變成肆無忌憚的惡魔。

　　「鄉村知識」在「共同事業」學說中之所以高於「城市知識」而具有更大意義，還因為「鄉村生活和農事的基礎是天文學，也就是太陽沿黃道運動及其在氣象過程（具體物理學和化學）和動植物生命現象中的表現」❸ 費奧多洛夫認為，農業在一定意義上是從先前生物的腐屍中創造新的有機形式的自然過程。所以農業在根本上不同於工業：工業把活的東西、把自然和農業的第一產物殺死、肢解和製成標本，為的是生產死的東西，包括我們的各種人工遮蓋物，從衣服到住房，乃至形形色色的舒適對象。「城市知識」和工業文明只服務於人的一時享樂需要，同時卻必然導致普遍分裂、對抗、戰爭和互相消滅。只有「天文－農業文化」能夠完全實現「共同事業」，　這種文化提出的主要目標是有機的進步、生命的創造和自然生物的自我創造，以及死者的復活。

　　　「知識不僅要按城市方式、由作為特殊階層的科學家在物理
　　實驗室中所做的實驗來證明，而且要按鄉村方式、由從大自
　　然中所獲得的經驗來證明，這種經驗也就是氣象調節和大地

---

❸　同❺，c. 318.

調節，乃至使地球由自轉星球變成由人類來驅動的地球船」。㊴

新的，真正的「鄉村知識」汲取了「城市知識」的全部成果。但它將以特定的觀察和經驗為基礎，這種觀察不是在辦公室或實驗室進行的，而是在自然界本身進行的；這種經驗是「調節大氣現象、地下現象和宇宙現象的經驗」。費奧多洛夫多次重複：新科學所賴以生成的觀察和實驗不只是某時某地某人進行的，而是時時處處人人皆在進行的，其結果可以直接運用於調節的實踐事業。這種普遍實驗無限擴展和深化：首先是地球，然後是太陽系，最後是整個宇宙。這種實驗具有無限可能性，近似於自然界中所不斷發生的生物創造「實驗」，它會產生前所未有的「神奇之物」。這種普遍實驗與自然創造過程類型相似，但內容上卻高於自然創造。因為它是有意識的、有道德取向的。這一思想到二十世紀被維爾納茨基所進一步發展：提出科學不僅是「生產力」，而且是新的「地質力」。

「新科學」是以天文學為核心的所有科學之聯合。但天文學將不再是從前那樣的「只觀測宇宙世界」的科學，而變成「天文調節」的科學。「新科學」首先具有積極改造的活動性；其中「按鄉村方式、從大自然中所獲得的經驗來證明的知識」，也就是勞動的直接結果，將成為真理的最高標準。所有人都將成為科學研究者，科學實驗室將面向全部自然界、整個世界，並深入到人的生理和心理內部，深入到惡與死之奧秘。廣義的生命知識的發展、道德標準、個人最高價值——這就是追求積極進化理想的「新科學」的基本特徵。

㊴　Там же, c. 523.

第十一章 歷 史

第一節 什麼是歷史學

歷史是與現在和將來相對而言，歷史是曾經存在過和發生過的人與事。而歷史學則是現今之人對待過去的人與事的態度。費奧多洛夫從其獨特的視角和道德之心出發，對歷史學作了如下規定：

> 為了不給歷史學定義加入臆斷成分，為了不附屬於任何派系，主要的是，為了不給人類活動加以框限，就應當說，歷史學從來就是復活（祖先）的行為，而不是審判。因為歷史學的對象不是活人，而是死者。❶

這樣，歷史學，或對待歷史的態度，就不是一種抽象理論或書齋學問，而是人人都應參與的復活祖先的「共同事業」。然而，在實際生活中，歷史卻往往不被如此理解。費奧多洛夫指出了對待歷史的幾種態度，或幾種歷史學觀點：

第一，對於思想者來說，歷史學是言辭上的復活行為，是在比

---

❶ Федоров Н. Ф.: *Сочинения*. с. 196.

喻意義上的復活行為；

第二，對於有想像天賦的人來說，歷史學是在藝術上的復活行為；

第三，對於感情重於思想的人來說，歷史學是回憶，是哭泣，或者是被當作現實的表象，也就是自我沈醉於過去時光；

第四，歷史學是純客觀的故事或敘事小說，是出於閑來好奇而對死者的追憶；

第五，歷史學是評論文章 (pamphlet)，也就是將歷史「為我所用」：所以要提起死者，為的是證明某種特定的政治或經濟思想，比如證明憲法或聯邦制是善等等。這樣的歷史觀是對歷史的褻瀆，是那些已喪失自然理性或生活目標的人的作品，這不是「人子」的歷史，而是不孝的「浪子」的歷史；

最後，第六，歷史學是對生命意義的揭示，也就是歷史哲學。但這種歷史哲學也沒有擺脫評論文章的屬性或主觀性。歷史哲學本身雖已有很長歷史，但並未找到生命的意義，甚至已對找到生命意義不抱希望。何以如此？只因為這樣的尋求方法是抽象的。首先，當人尚未走向真正的理性之時，歷史就不可能有意義，而若歷史無意義，就必荒誕，此類荒誕倒是經常不斷，反覆出現，成為某種律。經驗統計的歷史就表明了這一點。其次，當歷史尚未成為我們的行動，尚未成為我們共同理性和意志的作品之時，人類的歷史也將是無意義的，此時的歷史只是無意識無理性的現象組合；但當我們還生活在分裂之中的時候，歷史就不可能成為我們的行動、我們的作品。❷

尋求生命意義就是尋求目的。只有目的才能賦予生命意義。但

---

❷　Там же, с. 196–197.

倘若人深深意識到自己是逝去的父之子，且自己也難免一死，那麼
他就無需尋找生活目的了。歷史本身就向人表明，自己作為對舊事
的敘述，只是對過去的虛假復活，因而是無意義的，而且只要不成
為真實的復活，就不會有意義。但是，無意識的歷史也可能有意義
——只有當人類不得不將復活行為作為自己的自覺自由事業的時
候。此時，人只是最高理性和意志的執行者。

為復活大業而團結一致，此舉可創造友愛、塑造靈魂，創造生
氣。而子對父的背離只能創造無生氣的、無靈魂的社會。如果說歷
史是心理學的任務，那麼這不僅是就研究的意義而言，而且是指歷
史的任務在於喚醒靈魂，喚醒親情。而社會學則是關於無靈魂的社
會的科學。

子為復活父而團結一致才是真正的「成年狀態」；子女們要求
各自獨立和解放——以監護人取代父，以國家政權取代祖宗之法，
以公民權利取代兄弟之愛——這些永遠是人類的「未成年狀態」。把
歷史作為培育後代之功，而不是作為復活祖先之業，此一觀念只能
證明人類尚且是孩童。

既然歷史的任務在於普遍復活之大業，那麼歷史學的對象就是
解決「不親」的原因問題，亦即解決何以「人必有死」是真而「普
遍復活」是非真的問題。因為若解決了這一問題，則「人就成為人
子，宗教就成為對祖先的崇拜，道德就是對父之愛並由此衍生出兄
弟之愛，而科學和藝術就是子在父中的自我認識和在自身之中對父
的認識，也就是一方面是對死者的認識，另一方面是對造成死的力
量（自然）的認識」❸。如此，復活祖先就成為普遍行動。

---

❸ Там же, с. 203.

第二節 「非學人」的歷史觀

照費奧多洛夫的意見，歷史觀之不同是階級分化的結果。人類
的不同歷史也就是人類分化成不同民族不同地域的結果。這裡，根
本的對立是「學人」的歷史觀和「非學人」的歷史觀之對立。

「學人」的歷史是作為事實的歷史；而作為事實的歷史是「通
過利用全部外部自然界（亦即地球）而進行的侵吞或掠奪⋯⋯。作
為事實的歷史歷來就是互相消滅，在野蠻時代是公開的互相消滅，
在文明時代是隱密的互相消滅，而且居心更加惡毒殘酷」❹。

「非學人」的歷史觀是履行對先輩的義務，是對死去的父的崇
拜；對於「非學人」來說，歷史開始於伊甸園的誕生或創造，歷史
過程在於受外在必然性所迫（人口增長和生活資料匱乏）而離開祖
先之墓和不斷地努力返回這裡。這種不斷的努力和對祖先之墓的熱
愛表明，生命之目的和任務在於使祖先復活，否則生命（歷史）就
是無目的的，人就成為永遠遊蕩的浪子。

對於「學人」來說，歷史是意識，是過去之物的表象，是無行
動的觀念；對於「非學人」來說，歷史是生活本身，是下意識的行
動。由於「學人」與「非學人」的分化，使得生活成為互相排擠和
互相消滅，而無行動的意識則成為對這種排擠和消滅的袖手旁觀。
隨著知行合一，知成為應有之物的表象，亦即成為「方案」，而行
則將成為普遍復活的行動。

對於「學人」來說歷史是審判，是由他們、由「學人」所宣布
的法庭判決；而對於「非學人」來說，也就是對於「學人」在其中

---

❹　Там же, с. 201–202.

只是滄海一粟的全部「非學人」來說，歷史是追憶；而若追憶是真誠的，那麼它不可能永遠只是追憶，⋯⋯而將成為使所追憶者復活的「共同事業」。

對於「學人」來說，作為事實的歷史雖然是互相消滅、生存競爭，但他們將此鬥爭視作走向完善之路，以此目的為鬥爭之手段作辯護；對於他們來說，作為事實的歷史是聖物，是偶像，因此對它只需直觀、必須客觀對待，不可帶感情色彩(如斯賓諾莎(B. Spinoza, 1632–1677)所言，「同情乃學者之缺點」)；對於「非學人」來說，互相消滅這一事實是共同犯罪，而對此的意識則導致或應當導致贖罪，也就是對於作為互相消滅之事實的這一歷史不應限於客觀認知，或袖手旁觀，或無動於衷，而要視作改造的方案。

從「非學人」的歷史觀出發，使得費奧多洛夫對人類歷史的發展動因和重大事件持有非同尋常的看法，與通行的「學人」的解釋大相逕庭。他根據民間傳說和神話，認為「在陸地和海洋的一切地理發現中，都表現了尋找死者之國的願望⋯⋯航海被當作比陸地旅行更容易發現死者之國的途徑，因為沿海民族以舟為墓，小舟將死者帶到不可知的西方或東方之國⋯⋯所以，可以說航海者是循著死者的足跡航行」❺。這是促成地理發現的古代民族心理。

按照費奧多洛夫的觀點，人類的歷史活動是圍繞最初的家園、祖先的搖籃與墓地而轉的，彷彿地球繞太陽轉一樣。人類總是具有對此中心的潛意識的嚮往。費奧多洛夫認為，這個理想中的祖先家園，祖先的搖籃與墓地，就是帕米爾高原(Памир)。在這位俄國哲學家的歷史觀中，帕米爾高原具有「全世界之聖墓」的象徵意義。全部歷史都是直接或間接地朝向此中心的運動。世界歷史的第一個

---

❺　Там же, с. 174–175.

事實——區分歐亞兩洲的海峽的發現，就是要「轉向帕米爾」。第二個現實歷史的中心是君士坦丁堡，它是「歐亞兩洲聯合、東西雙方聯合的起點」。全部重要歷史事件都是圍繞此中心展開的。具有世界歷史意義的基督教也是在這裡制定的。

但拜占廷之所以會被土耳其人攻陷，是因為這裡的基督教只停留在內在思想階段，只是「神學辯論」，完全脫離現實生活，而現實生活則從屬於反基督的原理——分裂、爭戰。「拜占廷雖然在理論上制定了偉大的世界計畫和愛的方案，但在其對外政策和內部黨派鬥爭中則遵循著完全相反的方針」❻。

費奧多洛夫認為，君士坦丁堡被土耳其人占領是世界歷史的轉折點。君士坦丁堡是拯救古希臘羅馬文明成果的諾亞方舟，由於它的被毀滅使文明成果轉向歐洲。君士坦丁堡被占領阻斷了歐洲人通往東方印度的陸地道路，使他們不得不航海而行；航海的結果成為對整個地球的研究。在這種情況下，尋找逝世的祖先之鄉的深切願望（正是此願望曾不知不覺地主導著人類在地理空間的擴展）沒有得到現實的滿足，從空間上尋父被代之以從時間上挖掘祖先遺產。

第三節　丹尼列夫斯基與費奧多洛夫

深切關注歷史問題，努力探求歷史發展的方向和意義，這是俄羅斯思想的特點之一。費奧多洛夫在表達自己的歷史觀時，與十九世紀俄國其他幾種歷史觀進行了爭論，主要有恰達耶夫 (П. Я. Чаадаев, P. I. Tschadajew, 1794–1856)的上帝意志歷史觀、以卡列耶夫為代表的實證主義進步論和丹尼列夫斯基 (Н. Я. Данилев-

---

❻　Там же, с. 239.

ский, N. I. Danilevsky, 1822–1885)的文化歷史類型論。

恰達耶夫是十九世紀俄羅斯民族自我意識的第一個發言者，最早尖銳地提出了俄羅斯的歷史命運問題，這一問題後來成為整個俄羅斯哲學的主要論題之一。正是他的《哲學書簡》(*Философские Письма*, 1836) 促發了西方主義與斯拉夫主義的爭論。早期恰達耶夫的歷史觀是一種天意說，認為社會歷史發展的基本目標是在人間實現天國理想。在這方面西歐文明是唯一正確的文明形式，其他文明形式都是西歐文明的變種，或者說其他文明都終歸要走西歐文明之路；俄羅斯民族也唯有走此路方可在世界上占有應有地位❼。

費奧多洛夫與恰達耶夫的不同主要有二，一是費奧多洛夫與恰達耶夫相反，對西歐近代文明持批評態度，並把未來「復活事業」之希望寄託於俄羅斯民族；二是費奧多洛夫反對恰達耶夫關於上帝願望決定人類歷史命運的天意說，而主張人類發展取決於人自身的積極行動。

實證主義歷史學家卡列耶夫的歷史哲學屬於當時流行的主觀社會學流派。這種主觀社會學的基本公式是：以「進步」作為對歷史進行哲學解釋的主導思想，而進步的目的是「發達的和發展中的個性」(卡列耶夫語)；具有批判思想的個人與周圍環境的相互作用是進步的主要動力；從「歷史家的道德理想」高度對歷史和現實加以評價的主觀方法是唯一能夠賦予歷史事件以規律性的方法。費奧多洛夫專門批判了這種十九世紀下半葉十分流行的進步論。（參閱本書第五章第一節）

在與視歷史為不斷完善的直線過程的實證主義歷史觀進行爭論之時，費奧多洛夫也不同意與此相反的觀點——誕生於十九世紀

❼　см.: Чаадаев Л. Я.: *Сочинения*. М., 1989.

四〇年代的歷史發展循環論，也就是俄國著名的自然科學家和文化學家丹尼列夫斯基在其名著《俄羅斯與歐洲》(*Россия и Европа*, 1868)一書中提出的文化歷史類型論。二十世紀德國史學家施本格勒(Oswald Spengler, 1880–1936) 有一部轟動一時的著作《歐洲的沒落》(1919)，其中有許多與丹尼列夫斯基相同的思想：彼此封閉和相互更替的文化類型，文化類型發展階段，文化類型的形態原理，類比的方法等，甚至可以發現某些詞語的一致。俄國哲學史家施佩特(Г. Шпет, G. Shpet, 1879–1937)證明說，施本格勒懂俄語，而且在他的私人藏書中有一冊俄文版的《俄羅斯與歐洲》。

丹尼列夫斯基的這本書在問世之初幾乎默默無聞。但二十年後，卻被譽為「泛斯拉夫主義的聖經」、「斯拉夫主義的法典或手冊」。 其中的文化歷史類型論成為新斯拉夫主義者與持基督教普世主義的索洛維約夫之間的熱烈爭論對象。

丹尼列夫斯基歷史觀的基礎是和費奧多洛夫學說的出發點相對立的。從他們二者思想之比較中可以清楚地看到兩位思想家為俄羅斯設想的兩條不同道路，也是人類未來發展的兩條不同道路。

費奧多洛夫稱《俄羅斯與歐洲》作者的理論是動物形態論。這種評論的確觸及了文化歷史類型論的核心觀念，因為這種理論實際上是法國古生物學家居維埃(Georges Cuvier, 1769–1832) 所提出的生物發展類型思想在歷史領域的類推。按照居維埃的生物同源論，每一種有機體類型都具有自己的固定結構。不同類型的有機體是彼此獨立發展的。這種方法在古生物學領域得到了有效運用：依靠古動物遺骨片斷就可以復原整個動物形象。丹尼列夫斯基和施本格勒廣泛運用這一古生物學「技術」來重建逝去的古代文明的完整類型和預測未來文化。

　　丹尼列夫斯基接受了居維埃的類型概念，強調文化發展類型與
發展階段（水平）的區別。他寫道：「這些類型不是事物逐步發展
之階梯上的某些階，而是發展的不同方面。不同事物在這些方面通
過自己獨有的道路達到它所能達到的特殊性和完善形式，—— 這些
方面沒有用來衡量不同類型事物之完善程度的共同標準。這是一些
不可比量」❽。為進一步闡明文化類型之不同，丹尼列夫斯基舉建
築為例。不同建築類型不是符合於按一種風格建造的某一個建築物
的不同部分，而是相應於按不同風格建造的某些不同的完整建築物：
希臘式、拜占廷式、埃及式、哥特式等等。因此不能說它們分屬建
築發展的不同階段，因為「每一種都很美」。同樣，每一種完整的
文化類型都擁有自己的美，自己的意義和內在發展規律，不能以同
其他類型的比較來評價它。

　　這樣，丹尼列夫斯基明確區分了發展類型和發展階段。發展階
段或發展水平只有在一定的封閉類型之內才有現實意義，意指該類
型在時間上的發展階段和水平。

　　　　人類歷史生活形式……不僅是在上升變化和走向完善，而且
　　　在按不同的文化歷史類型分化發展。因此，實際上只有在同
　　　一種類型或同一種文明內部才能標示出這樣的歷史運動形
　　　式：古代的、中世的、近代的。這種劃分只是一種附屬的劃
　　　分。而更為根本的劃分應當是區分文化歷史類型，區分宗教、
　　　社會、生活、工業、政治、科學、藝術發展的獨特方面，一
　　　句話，區分歷史發展的獨特方面。❾

---

❽　Данилевский Н. Я.: *Россия и Европа*. Спб, 1895, c. 87.

❾　Там же, c. 87.

丹尼列夫斯基把他自己所做的摧毀歷史科學中的歐洲中心論和闡明主要的世界文明類型及其發展一般規律，看作是歷史觀上的「哥白尼式革命」。他認為，只有那些充分發展自己本民族固有特點和精神原則並使之達到文化繁榮的民族，才是歷史過程的積極活動者。其他民族或者成為獨特文化類型之土壤的肥料，或者只是歷史花園中的雜草。構成某一種文化歷史類型的民族和國家都彷彿是有機物，它們像動物物種一樣，每一物種都按自己的形態學原則誕生、發展、繁盛和衰亡。一個民族到了走向衰落和退出歷史舞臺之時，任何幫助都無濟於事，無論該民族地處東方還是西方❿。

這種文化歷史類型學說否定文明的繼承性和不同文明的起源聯繫，而片面誇大了不同文化體系的獨立性；丹尼列夫斯基的社會歷史發展觀不是人類為達到一定目的而逐步前進，如《共同事業的哲學》中所明確表達的那樣，而是否認一般的「進步」；沒有全人類的共同進步，只有獨立文化類型的各自從生到死的無限循環。

> 「對於集體的但畢竟是有終結的存在物——人類來說，除了在不同時間不同地點表達自己生命活動的獨特方面和方向之外，沒有另外的任務、另外的使命」。⓫

這樣一種忽視全人類文化與歷史的共同性的觀點，尤其受到晚期索洛維約夫的尖銳批判。

相信俄羅斯的特殊使命——這一信念彷彿是一個十字路口，十九世紀許多觀點各異的俄國思想家都在這裡不期而遇。如果說費奧

---

❿　Там же, с. 75.

⓫　Там же, с. 124.

多洛夫完全不能接受丹尼列夫斯基的理論本身，因為其中把民族差異絕對化，彷彿是敵對的動物物種間的不可逾越的界限，——那麼，在對俄羅斯精神在世界歷史上的全面表現之希望上，他們二人是相近的。丹尼列夫斯基將民族文化活動分為四類：宗教活動、文化活動、政治活動和社會經濟活動，並以此對先前世界文明進行分類。他認為俄羅斯具有最先在歷史中表現完滿的四元文化類型的一切萌芽。由此他強調「未來的斯拉夫文化歷史類型之巨大的社會經濟意義」；與此相呼應，費奧多洛夫寫道：「斯拉夫民族無權永遠甘於平庸和對世界歷史無所作為，雖然這種狀態更輕易」[12]。「揭示普遍聯合的思想和採取領導人類活動的方案——這一任務屬於斯拉夫民族」[13]。這使人想起陀思妥耶夫斯基關於俄羅斯負有救世使命的言論：俄羅斯是「全世界唯一的體現上帝的民族，是將來以新的上帝的名義更新和拯救世界的民族」[14]。

　　這種對俄羅斯民族精神文化與世界歷史使命的信仰或希望，表明了俄國知識分子面對西方文化衝擊而產生的本民族文化自我保護意識。但另一方面，對俄羅斯文化與西方文明之差異的誇大，對俄羅斯之不同於西方的特點的說明，彷彿包含著某種人為的因素、拒斥的心理、「文化民族主義」的傾向；這在一定程度上隱含著面對先進文明而產生的自卑或「心虛」。但這種心理對本民族的發展是有害的。後期索洛維約夫在《俄羅斯的民族問題》(*Национальные вопросы в россии*)再版序言(1888)中寫道：

---

[12]　Федоров Н. Ф.: *Философия общего дела*, Ⅰ. c. 214.

[13]　Там же, Ⅰ, c. 260.

[14]　Достоевский Ф.: *Пол. собр. соч.*, Т. 23, c. 103.

　　或許俄羅斯擁有偉大的、獨特的精神力量；但為了表現這些
力量，它無論如何都需要接受和積極掌握西歐所制定的全人
類的生活形式和知識形式。我們的非歐洲的或反歐洲的人為
的獨特性，從來都是一種空洞的奢望，拋棄這種奢望對於我
們來說是一切成就的第一必要條件。⓯

　　回到丹尼列夫斯基和費奧多洛夫。這兩位思想家彷彿是透過不
同的望遠鏡看世界，因此他們所看到的人類與歷史各不相同。丹尼
列夫斯基作為自然科學家、自然主義者，所注目的是地球，看到的
是地上各種生命形式的運動，人類也是其中之一員，服從於自然之
律；民族文化也像生物物種一樣，走誕生、成長、繁榮和衰亡的必
由之路；不同文化各有界限，不可能超越界限彼此交融，更不可能
共同克服終結而走向無限。

　　費奧多洛夫作為宗教思想家、哲學家，更具有虔誠的宗教精神
和深切的道德體驗，他所關注的不是地上的現有生活，而是人的精
神理想之天空，他所看到的不是生物的人，而是人身上能超脫自然
之律的品質。人除了是自然的一部分外，還具有另一種更高的本原，
基督教將此定義為「神的本原」、精神本原。「共同事業的哲學」中
關於人具有無限能力、人類歷史走向普遍調節的思想，即以人的神
性為據。這一點與別爾嘉耶夫的以人的神人二重性或自然與精神二
元分立為基礎的「精神哲學」十分接近。人的這種自然屬性之外的
神性或精神性，從世俗思想來看，也就是超越自身界限的能力，不
甘現狀而追求「應有」的能力，不斷追求自我完善的能力。如果說
作為有機體的一切生命形式皆有自身界限，那麼人的意識則沒有界

限。所以我們說人的理性、人的思想具有無限可能性。費奧多洛夫正是把這種無限性作為人之為人的不可分割的尺度。

第四節　國家與專制

國家和人民是俄羅斯歷史發展的兩種現實動力。俄羅斯在歷史上曾經作為強大帝國而擴展疆土、容納其他民族、抵禦外來侵略。但這種外在的國家強大又構成了對國內人民自由的壓制。這造成了國家與人民之間的一次次激烈衝突。因此，二者之關係常常成為俄羅斯社會哲學思想家的思考對象，並產生了不同觀點。例如，索洛維約夫從世界統一的神人類理想出發，認為俄羅斯民族因其獨特的歷史地理因素而形成的強大的國家組織性，將成為未來世界制度所依賴的社會因素。另一方面，十九世紀大多數俄國知識分子都站在人民立場反對國家的剝削與壓迫（當然，這並不是說索洛維約夫贊同當時的專制制度，他是就神學理想而言的），所以才有影響廣泛的俄羅斯人民解放運動，貫穿於整個十九世紀和二十世紀初。俄國著名歷史學家克留切夫斯基(B. O. Ключеский, V. O. Kliuchevsky, 1841–1911)對俄羅斯歷史狀況的形象描述是「國家強壯，人民瘦弱」。

像在許多其他問題上一樣，費奧多洛夫在國家與人民關係問題上的觀點也與眾不同。一方面，他稱現代國家是不友愛關係的體現；另一方面，他又確認，人民有義務為國家效力，但這裡的國家具有另外的含義：它不是任何政權組織，而是調節自然和復活祖先之共同事業的領導者和組織者，只有它能夠把人民的力量集中起來。由於國家是人民與自然作鬥爭之共同意志與目的的體現者，因此人民

對國家的「必須履行的義務」將會隨著逐步擺脫強制性的經濟法律規律而轉變成「自願履行的義務」。⓰

這樣的國家顯然是一種專制國家。但這種專制不是歷史上的任何專制形式，而是一種理想「方案」的專制。專制君主應當是「共同事業」之首領，是國家－家族的族長。「君主將與人民一道成為盲目自然力量的專制者、主宰者和管理者，成為自然之君主。——不是靈魂的君主，像神父那樣，而是物質的支配者，外部物質世界的支配者，是使人們脫離經濟法律規律的解放者」⓱。

專制之所以合理，在費奧多洛夫看來，是因為它符合社會的原始本真狀態。「專制在原初意義上是一種由危險所引起的專政，但此危險不是來自與自己類似的他人，而是來自盲目力量和威脅一切人的死亡」⓲。這種觀點具有一定道理。後來，英國人類學家、民族學家弗雷澤(James G. Frazer, 1854–1941)也提出了獨裁制起源的類似理論。他的研究表明，古代氏族領袖的主要作用恰恰是掌管自然力，呼風喚雨，制止災害，他們被眾人認為具有這樣的能力。正是最高統治者以其魔力實現了對帶給人們不幸和死亡的周圍世界的某種遏制。弗雷澤寫道：「分布在從印度到伊朗的雅利安人的祖先都具有這樣的信仰：相信統治者具有魔力或超能力，他們能憑藉此能力帶來土地豐收或賜予自己的臣民以其他恩澤」⓳。這就是原始社會一人掌權制的深刻含義。費奧多洛夫所設想的理想化的專制君

⓰ 同⓬，Ⅰ, с. 377.

⓱ Там же, Ⅰ, с. 364.

⓲ Там же, Ⅰ, с. 375.

⓳ Фрезер Д.: *Золотая ветвь Исследование магии и религии.* М., 1980, с. 106.

主就應當具有這樣的超凡力量，只是這種對自然現象的統治力量應由當初的想像或幻想變成以完全認識為基礎的現實力量。

第五節　理想社會

「共同事業」的完全實現是一種理想的社會制度和生活方式。這是人與人的「親」的關係發展的最高階段。

在理想社會中，解決了城鄉差別問題。但不是鄉村城市化，而是城市歸於鄉村。聯為一體的科學與工業脫離了只為舒適與享樂的人為需要服務的「城市道路」，而轉向體現了人的根本生活需要的鄉村之路：

> 從城市向鄉村的過渡將是從當今的城市工業化向鄉村工業化的過渡：這種城市工業化是以性選擇為基礎的，是那些迷戀於女性美的浪子們所創造的；而鄉村工業化是家庭式的，是建立在與自然知識的聯盟之基礎上的，是為父而運作的工業化。……這種工業化不是創造人為的東西，而是進行有機組織的創造。[20]

這種社會理想的基礎是普遍的「親」。但此「親」不完全等同於原始氏族中以血親來維繫的親屬關係，這種原始的血親是不完善的，因為它是「模糊不清的親，來自無意識的和不自覺的生育過程；種族繁衍得愈多，血親之特徵就愈加淡漠不顯……」[21]。所以，在

---

[20]　同[12]，II, c. 295–296.

[21]　同[1]，c. 322.

理想社會中不是簡單恢復原始的親情，而是對這種「最原始的、粗糙的、古樸的、野蠻的和幼稚的」「親」加以改造，變成一種以完全認識和共同目標為基礎的自覺的「親」。

在實際的歷史發展進程中，血親的聯盟被代之以各種形式的強制性的律法。但費奧多洛夫認為，在最深處重建原始的親與兄弟之愛，完全認識和普遍接受將全部生者和死者聯結在一起的內在自然律，——這將帶來一種新的社會組織形式。他稱之為心理政權(психократия)。

在理想社會中，全人類就是一個由共同祖先和統一命運所緊密地聯繫在一起的大家庭，而不是所謂公民社會。「人們的世界大家庭觀念和世界公民意識之間有著天壤之別，後者沒有表達任何出身的意義。對世界公民來說不存在祖先，他的世界性是空間上的，而不是時間上的」❷。時間上的世界性是追溯到遠古的大家有共同祖先的「親」。對這種聯繫的徹底認識是未來世界統一大家庭之每位成員的基本任務。在這個未來社會，「每個成員都是歷史學家和歷史記錄者」，每個人都回憶和記錄著與他相關的和他所知曉的所有人。這樣，大家都成為認識者，也都成為認識對象。同時，「每人都應寫心理生理日記，這是每個人的最神聖的義務；學校的第一宗教義務是教給學生寫這樣的日記；制定這種日記之綱領的必要性不亞於開世界心理學家和生理學家大會。這些日記是心理政權社會的基礎」❷。

完善的心理生理學知識使得有可能對人進行心理分類。人們之間的各種聯繫不再是偶然的：人們根據心靈品格彼此相近或和諧互

❷ Там же, c. 191.

❷ Там же, c. 408.

補的原則而相互結合。婚配不再像從前那樣意味著脫離父母，而是
以加強與他們的聯繫為基本目的，以便認識祖先，在自己的靈魂中
復活他們的形象。這種婚配是「這樣兩個人的結合，他們每個人都
能最大地激發另一個人的活動⋯⋯換言之，在這種結合中，動物的
性本能變成英雄主義，成為英雄義舉。這不是一時衝動，而是高尚
的長久的行為」❷⓪。

　　心理政權社會區別於外在法制社會之處在於，它是從人的內在
心理出發而建立的社會。這就要求人們充分認識彼此的內心世界，
首先是「使自己的靈魂徹底透明」，　表現出真正的自我，而不是裝
扮某種角色。

　　　「然而，當人們之間尚存在鬥爭，當人們還視自己是應當賣
　　更高價錢的商品，當他們還認為外在法律永遠必不可少的時
　　候，城府和欺騙就是自衛的武器」。❷⓪

　　在二十世紀的哲學和文學中，人們更加強烈地呼喚人間之真
誠，控訴面具的沉重。「他人是地獄」的可怕公式表達了人對在他
人面前展示真我的極度恐懼。只有彼此坦誠相待和「徹底透明」才
可逃避造成內心緊張和恐懼的地獄。「假如真正實現了完全真誠，
他人靈魂也不再晦暗不明，也就是根據外部行為就可正確判定他人
之內心狀態；另一方面，我們自己也不再以不符合內心狀態的行動
來迷惑他人⋯⋯那麼，就不會再視他人為異類了」。❷⓪

❷⓪　Там же, с. 409.

❷⓪　Там же, с. 408.

❷⓪　Там же, с. 75.

　　是的，在這個太多虛偽的社會，真誠是可貴的。然而人的個性何其微妙！沒有任何個人隱私的社會恐怕也是單調乏味的，而不容許有個人隱私的政治，就簡直是可怕了。

　　人的生命，社會生活，因而未來的世界，往往比想像的更加複雜。

第十二章　宗　教

俄羅斯神學家、哲學家弗羅洛夫斯基 (Г. В. Флоровский, G. V. Florovsky, 1893–1979) 在其名著《俄羅斯神學之路》一書中寫道：「費奧多洛夫世界觀……完全不是基督教世界觀，而且與基督教啟示和經驗有尖銳分歧。這乃是一種空想理論，而不是真正信仰」；「即便其中避而不談上帝，也絲毫不會有所變化」❶。

另一位前蘇聯研究者帕絲洛娃(В. П. Пазилова)在自己的研究專著中則宣稱，費奧多洛夫的基本學說（祖先復活、自然調節等）「具有宗教性，基督教性，是以對《福音書》的獨特解釋為基礎的」。她說「共同事業的哲學」是新基督教學說之變種；在其世俗的術語背後所隱藏的是宗教學說。「費奧多洛夫宗教觀與正統東正教的主要區別僅在於，費奧多洛夫在某些問題上忽視聖傳，只以《聖經》為據，而東正教教義論證死後生活問題則兼以此二者為據」❷。

顯然，弗羅洛夫斯基是在批評費奧多洛夫的「唯物主義」、「實證主義」，背離宗教信仰；而帕絲洛娃則是在批判費奧多洛夫的宗

---

❶ Флоровский Г. В.: *Пути русскаго богословия. Париж*, 1937, с. 327.

❷ Пазилова В. П.: *Критический анализ религиозно-философского уления Н. Ф. Федорова*. М., 1985, с. 20; 12.

教烏托邦。

　　這兩種截然相反的觀點表明費奧多洛夫學說與宗教(基督教)關係問題的複雜性。之所以「複雜」，是因為這裡觸及了更深層的一般思想史問題。在我們看來，此中問題的實質不在於費奧多洛夫學說本身的宗教本質或唯物主義傾向，而在於評論者自己的立場和方法。所謂「仁者見仁，智者見智」。首先，評價費奧多洛夫學說的兩種相反觀點之差別實際上是兩種立場之別。前者站在基督教一東正教立場，看到了費奧多洛夫學說的離經叛道；後者則從唯物主義世界觀出發指責「共同事業」之學的宗教本質。二者各有其根據，對立是合理的。

　　其次，兩種觀點之別也是對待基督教和一般宗教的兩種看法之別：從內部還是從外部看待基督教或一般宗教。神學家弗羅洛夫斯基是從基督教內部出發的，其思想前提是，基督教具有固定的基本信義和教理標準，背離此標準便不是基督教，即便還保留著基督教的術語。而馬克思主義者帕絲洛娃則是從外部看待一般宗教和基督教，其潛在前提是，一切宗教都是荒謬的幻想，都是和唯物主義科學世界觀相對立的。所以她強調「共同事業」學說不是唯物主義的，而是具有「宗教性」、「基督教性」。她並未關注於這一學說是否符合基督教的內在標準問題。

　　我們認為，這兩種觀點各有其根據，但又各有主觀片面性，有各自的「意識形態」偏見。對費奧多洛夫學說應作具體的歷史的理解。如前所述，這種學說之動因是深刻的道德感，宗旨在於徹底改造生命與世界，它在教會信義之外，在學院神學之外，所以很難說這是一種對基督教的內在發展；甚至很難說這是一種基督教新學說，因為我們在前文中已看到，這種學說與正統基督教一東正教相去甚

遠；另一方面，由於俄羅斯深厚的宗教文化傳統和他本人的思想修養，他不可能以唯物主義世界觀或近代歐洲的世俗文化為根據論證自己的學說，而只能以基督教價值觀念為基礎，因此這一學說又完全離不開基督教的思想資源。這種現象在十九世紀俄國人文思想家當中並不鮮見。甚至在十九世紀至二十世紀初對俄羅斯基督教思想發展做出主要貢獻的，正是這些教會之外的宗教思想家。

第一節　托爾斯泰與費奧多洛夫

十九世紀俄國宗教思想的發展與西方不同。西方宗教思想和神學的研究和發展主要是由教會神父和神學院教授們來完成的；而俄國的情況並非如此。十九世紀俄國教會圈內有獨特思想的神學家為數不多，主要有修士大司祭費奧多爾（布哈列夫）([Феодор] A. M. Бухарев, A. M. Buharev, 1824–1871)，大主教英諾肯提 (Вениам-инов Иннокентий, V. Innokenty, 1797–1879)，喀山神學院教授涅斯梅洛夫(В. И. Несмелов, V. I. Nesmelov, 1863–1937)，莫斯科神學院教授塔列耶夫(M. M. Тареев, M. M. Tareev, 1867–1934)。但是按照別爾嘉耶夫的觀點，他們的宗教思想與其說是神學，不如說是宗教哲學❸。

公認的觀點是，對十九世紀俄國宗教思想和宗教哲學的豐富、發展和創造做出主要貢獻的是東正教會與神學院之外的宗教哲學家和人文思想家。弗羅洛夫斯基在《俄羅斯神學之路》中論述十九世紀三〇年代以來的宗教思想歷程時主要談及的都是這樣一些非教會非神學家的、但卻又懷有深刻宗教精神的哲學家和作家：恰達耶夫、

---

❸　H.別爾嘉耶夫《俄羅斯思想》中譯本，第182–189頁。

基列耶夫斯基、果戈理、霍米亞科夫、薩馬林(Ю. Ф. Самарин, I.
F. Samalin, 1819–1931)、陀思妥耶夫斯基、托爾斯泰、索洛維約夫
和費奧多洛夫❹。

托爾斯泰和費奧多洛夫與基督教的關係有某些共同之處：他們
都是教會之外的又都有基督教精神的思想家；他們的學說的宗旨都
是給人類指出「生活之路」、「拯救之路」，他們對基督教的解釋與
利用正是以此為指歸的，即以具體的人生為「體」，基督教為「用」，
而不是相反。但是他們對基督教的解釋又大有不同。比照托爾斯泰
的宗教道德學說與基督教之關係，將對理解費奧多洛夫學說與基督
教的關係有所幫助。

托爾斯泰視基督教之一切神聖與神秘成分、形上神學、教義、
禮儀皆為荒謬和虛偽，從而堅決拋棄，唯有基督學說為普世真理。
這樣，托爾斯泰把基督教變成一種純粹道德學說或愛的倫理學。

基督教之根基是信上帝。而信仰又離不開一定的教義和禮儀。
索洛維約夫在《生命的精神基礎》(*Духовные основы жизни*, 1884)
一書中論述了信仰的三個行為條件：祈禱、施捨（行善）、齋戒（節
制）❺。而在托爾斯泰的宗教道德學說中，信仰不是對最高上帝的
信，或者說所信的不是人心之外的人格上帝，而是人的內在良知，
或對「內在理性」的服從。他在《生活之路》中寫道：

> 「信仰——是對什麼是人和他為何生活於世的知」；「真正的
> 信仰不在於相信神奇、聖事、禮儀，而在於相信適合於全世

---

❹ 同❶，第246–330頁。

❺ 參閱劉小楓主編《二十世紀西方宗教哲學文選》，上海三聯書店，1995
版，第577–596頁。

界所有人的律」。❻

而教義、禮儀、國家、法律都成了與「內在理性」相對立的「外在權威」。

托爾斯泰也談上帝，但這裡的「上帝」不是全善全能之神，不是信仰對象，信仰對象是耶穌基督向人類宣布的道德真理；這裡的「上帝」則成為人的靈魂的形而上學思考的需要。

> 「如果我只過世俗生活，我可以不要上帝。但我還要想：我生從何處來，死向何處去？於是我就不能不承認，有一個我所從來之鄉，也有一個我終將去之處。它到底在哪裡，是什麼？這是我不理解的、不可知的，我把這東西叫做『上帝』」。❼

這樣，上帝只能是人的靈魂向內深化的結果。「不要在教堂裡尋找上帝，它就在你近前，就在你心裡。它生活在你心裡。」❽

顯然，這已與官方的基督教相去甚遠了。但同時托爾斯泰又宣布自己的學說是恢復基督教真理，恢復「此真理對每個人生的最簡單最明白的實踐意義」❾。此意義之內涵就在於基督的佈道。

在托爾斯泰看來，基督不是神，不是《信經》上所講的三位一體的上帝之子；基督是人，是基督教的改革家，是道德大師，是人類的生活導師，他給人和人類指明了應當怎樣生活的偉大真理。這

---

❻　Толстой Л. Н.: *Путь жизни*. М., 1993, с. 9; 14.

❼　Там же, с. 45; 44.

❽　Там же, с. 45; 44.

❾　Толстой Л. Н.: *Полн*. собр соч., Т. 23, с. 423.

偉大真理具體表現在基督對五條舊約誡命的改造。在《新約·馬太福音》的「登山訓眾」（5章21–48節）中，耶穌基督以「你們聽見有吩咐古人的話，說……只是我告訴你們……」的句式提出了與古代律法不同的新誡命：

1. 你們聽見有吩咐古人的話，說「不可殺人」，只是我告訴你們：「不可動怒」；

2. 你們聽見有話說「不可奸淫」，只是我告訴你們：「不可休妻」；

3. 你們又聽見有吩咐古人的話說：「不可背誓」，只是我告訴你們：「不可起誓」；

4. 你們聽見有話說：「以眼還眼，以牙還牙」，只是我告訴你們：「不要向惡人反抗」；

5. 你們聽見有話說：「當愛你們的鄰舍，恨你們的仇敵」，只是我告訴你們：「要愛你們的仇敵」。❿

托爾斯泰認為此五誡之核心就是普遍的愛和非暴力思想。這就是作為革新家的基督向人類示明的新真理。對舊約時代的人來說，這些還沒有成為明確真理；對新約時代的人，這些已成為不可懷疑的真理，但還沒有在實踐上被掌握，也就是尚未成為人們的日常生活習慣。怎樣由理論真理變成實際行動，正是人類所面臨的任務。

費奧多洛夫與基督教的關係與托爾斯泰既有相近之處又有顯著不同。相近之處在於費奧多洛夫也認為自己的學說是積極的基督

❿　см：Гусейнов А. А.: *Велиские моралисты*. М., 1995, с. 217. 譯文參見《新舊約全書》和合本，〈馬太福音〉，5: 21–44。

教，是基督福音的完全實現。托爾斯泰把《福音書》看作是基督向人類昭示的偉大真理，費奧多洛夫則視《新約聖經》為人類改造世界之大業的綱領：把有死的自然世界改造為復活的和不死的存在秩序。他在《福音書》中所要尋求的不是泛愛或「非暴力」的佈道，而首先是行動的誡命、做事業的動機（「福音要求行動」）；他把「神學」理解為神的行為，而不是「神秘法術」。但他的「行為神學」仍是以《福音書》原理為基石的。他不僅向信徒，而且向非信徒呼籲完成神的事業。

對托爾斯泰來說，耶穌基督首先是一位道德改革家和生活導師；對費奧多洛夫來說，基督則首先是體現人類所應完成的事業的最高象徵。把基督叫做拯救者是不明確的，因為不包含拯救的內容。「基督是復活者，這才是他的全部含義，正如道德的全部含義——最新含義在於使人復活一樣」⑪。基督不僅自己復活（「先驗復活」），而且復活他人。這是未來人類「內在復活」的榜樣。「基督一生中沒有比復活拉撒路⑫更重要的事件了。這是彌賽亞的莊嚴顯身，以語言和行動」⑬。在費奧多洛夫看來，伯大尼要比伯利恆、拿撒勒和耶路撒冷這些地方更重要⑭。因為正是住在這裡的為耶穌所愛的拉撒路和他的姐姐馬大和馬利亞，他們「在最高意義上，在復活者的意義上承認了不被人接受的彌賽亞」⑮。

---

⑪　Сененова С.: *Н. Ф. Федоров: Творчество жизни.* с. 238.

⑫　耶穌復活拉撒路的故事參見〈約翰福音〉第11章。

⑬　Федоров Н. Ф.: *Философия общего дела.* II, с. 27.

⑭　伯大尼是拉撒路所住的村莊，「離耶路撒冷不遠，約有六哩路」（〈約翰福音〉11: 18）；伯利恆為耶穌誕生地；拿撒勒是耶穌受洗地（〈馬太福音〉2–4章）。

⑮　同⑬，II, с. 25.

這裡，費奧多洛夫以基督使人復活的行為來論證自己的復活學說：未來天國的建立是復活拉撒路的繼續，即把復活推廣到全人類；同時費奧多洛夫又把復活看作基督教的根本：基督所要求的成為神之子，只有在復活和改造世界的事業中才有可能真正做到。「那些復活他人者和被復活者將成為復活之子，將成為神之子」**⑯**。

與托爾斯泰不同的是，費奧多洛夫沒有拋棄，而且在敘述自己的思想時常常利用基督教的教義、形象，以此來發展「共同事業」之方案。比如他將三位一體的教義看作是「親」的誡命，是人間之親愛關係的榜樣（參見本書第七章第一節）。他還以基督教儀式和四部《福音書》中所寫的基督神話形象來象徵自己的學說，如廣泛的自然調節被描述為「教堂外彌撒」；內在復活事業——是「復活節遊行」；以行動驗證知識——是關於不信基督復活消息的使徒多瑪的故事，等等。這樣，在費奧多洛夫那裡，變教義為誡命成為積極的、「成年的」基督教的重要原則。教義不應是僵死的條文，而應當「以生命來接受，將其變為指導我們思想、情感、意志和事業——總之指導我們整個生命的誡命」**⑰**。

第二節　至善高於真理

費奧多洛夫「共同事業」理想的主要出發點是人的道德感和對應有存在的深刻直覺。他之所以利用基督教，是因為基督教觀念在一定方面適合了他的普遍復活（人的拯救）和自然調節（改造世界）的理想。這一理想是一種價值目標、價值真理，而不是存在真理；

---

⑯ Там же, II, c. 214.

⑰ Там же, II, c. 195.

或者說，「共同事業」理想所指向的不是理性的「真理」，而是道德
的至善；世界之真理依賴於最高的善。上帝是最高的善，於是人們
成為上帝意志的「主動工具」，也就是領會和履行自己作為神之子的
使命；如果沒有上帝，如果世界沒有意義，那麼費奧多洛夫也會說：
我們應當給世界賦予意義。他甚至將自己從「共同事業」出發的證
明原則，即以行動、實踐證明知識的原則運用於證明上帝存在：「從
上帝事業到上帝存在」。　任何神秘的主觀經驗，任何思辨的技巧，
都不會令一切人信服上帝存在。只有當人類實現了上帝之業，復活
了死者，改造了世界和自身本性，才能證實上帝存在：

> 只有經過艱巨的長期的勞動，我們才能償清債務，走向復活，
> 進入與三位一體者的交流，像他一樣，既是獨立的、不死的
> 個性，又感覺到和意識到自己的完善統一。僅當此時，我們
> 才能徹底證明上帝存在，才能面對面地看見他。 ⑱
> 如果團結一致的人們像葡萄樹的枝，基督是葡萄樹，而天父
> 是栽培此樹的人，那麼對於這樣的人們來說就是無所不能的，
> 無論事業的困難性多麼巨大和可怕。 ⑲

「共同事業」的至善理想不容許選擇拯救。費奧多洛夫堅決不
同意這樣一種思想，即以少數被揀選者為基礎，或以幫派原則為基
礎，提出和解決改造人的「沉淪天性」問題。例如共濟會，費奧多
洛夫稱其為「建立在十八世紀原理之上的最虛偽的、反人民的組

---

⑱　Фёдоров Н. Ф.: *Сочинения.* c. 192.

⑲　同⑬，II, c. 386；〈約翰福音〉15章1、5節耶穌說：「我是真葡萄樹，
　我父是栽培的人」；「我是葡萄樹，你們是枝子」。

織」**⑳**。在他看來，選民高於平民、聖徒高於群盲的一切優越感，都為惡魔主義提供了藉口。少數人道德完善的理想導致了脫離大家，鄙視「庸人」，居高自傲，甚至殘酷暴虐。一切以個人的道德優越感和智力優越性為前提的幫派思想，都是建立在當今人類的天性的不完善基礎上的。而費奧多洛夫的理想是在改造人的自然本性基礎上達到共同完善，普遍成聖。

「共同事業」的至善理想不容許末世災難。基督教的末世論觀念是最後審判，是部分人（義人）得救，另一部分（罪人）則受永恒之苦，這是一場超自然的災難。費奧多洛夫認為默示錄的預言只是對人類的一種有條件的威脅和警醒,假如人類不走向「真理理性」,亦即不理解改造世界與自身的必要性的話。「關於最後審判的預言是有條件的，無論先知約翰的預言還是一切預言都是有條件的。因為預言具有教育目的，是為了糾正它所面向的人，而不可能是審判某些人、甚至那些尚未出生者的注定死亡；假如這樣，那麼這種預言還有何目的、有何意義……」**㉑**

「共同事業」的至善理想要求煉獄。費奧多洛夫確認，不可能有無出路的地獄，但是同樣，也不會有現成的天堂，因為沒有絕對的義人，即完全純潔無罪的人，所有人都沾染了貪婪和排他的原罪，都需要淨化。煉獄——為所有人的生理和道德所必需。可以把人類的全部歷史和現在都理解為「煉獄」，因為人類曾經和正在遭受外部和內部的盲目自然力的災害：外部有荒年、洪水、火災、火山；內部有暴力、殺人、戰爭。但在這一「煉獄」中人類進行著自我教育，人類的創造力正在成長，拯救之路正在被人類所認識。

---

⑳　同**⑬**，Ⅰ，c. 529–530.

㉑　同**⑱**，c. 497.

如果說天堂應降為煉獄，那麼地獄也應升為煉獄。因此就將
只有一個煉獄，它就是我們的歷史。應當在此之上建立天堂，
此天堂遠遠高於但丁的天堂，——因為它不是靠直觀和語
詞，而是靠事業來創造的，其中將不再有統治和審判。㉒

　　費奧多洛夫也不能接受其他各種形式的宗教信仰：天主教、新
教、猶太教和佛教。他從自己的觀點批判這些宗教信仰的錯誤傾向。
「天主教和新教是對被理解為復活行為的基督教的歪曲。這兩者都
將復活行為代之以申辯，也就是自欺自慰」㉓。他更不能容忍（他
所理解的）猶太教和佛教所宣揚的人的消極、靜觀、無所作為。即
使官方的東正教，也不符合他所理解的真正的東正教：真正的東正
教是「對世界之紛爭不和的憂慮」，而這種憂慮應當轉化成積極行
動。「再沒有比東正教更高的理想了；但使人觸目驚心的是理想與
現實的不符」㉔。
　　和索洛維約夫、托爾斯泰一樣，費奧多洛夫思想雖然與基督教
有十分密切的關聯，但同時也批判歷史上的基督教：指責歷史上的
基督教只追求個人拯救，拒絕實際行動，只講抽象教義，導致了人
們的偽善和教堂與生活的嚴重脫離。費奧多洛夫認為大多數基督徒
的信仰尚未走出「未成年」狀態。這在最簡單的宗教實踐中就表現
出來。人祈禱上帝，為的是讓他幫助、保佑自己或親人：改變事物
狀況或恢復身體健康等等。這實際上是人試圖把最高力量當作自己
意志和願望的執行者或工具。這好比一個自私的被動的兒童，試圖

㉒　同⑬，II, c. 13.

㉓　Там же, II, c. 5.

㉔　Там же，I, c. 575.

以他所能做到的各種方法——從聽話（好孩子！）到哭鬧甚至歇斯底里——向全能的父母祈求所要的東西。費奧多洛夫呼籲不要在信仰中再做這樣軟弱無助等待施捨的孩子了。在「成年狀態」下，人們不是靠祈求上帝來實現自己的願望，而是自己成為自己意志的履行者。

不難發現，說到這裡，費奧多洛夫已和唯物主義無神論殊途同歸、不謀而合了。難怪弗羅洛夫斯基、別爾嘉耶夫、布爾加科夫(C. H. Булгаков, C. N. Bulgakov, 1871-1944) 等宗教哲學家都指責他的思想具有極端實在論和唯物主義特徵。

第三節　從祖先崇拜的宗教到「共同事業」的宗教

費奧多洛夫試圖利用宗教信仰在人身上激發出的熱情為「共同事業」服務。在他的理想中，全人類就是一個由共同祖先和共同命運緊密聯結在一起的大家庭。而在實際歷史上和生活中，這個大家庭是四分五裂的，忘記了彼此之「親」。 怎樣恢復統一呢？這正是「共同事業」的目標。要實現「共同事業」， 只憑理智是不夠的，還必須借助於情感的力量，也就是喚醒普遍的「親」情。而喚醒的方法就是認祖歸宗，使生者之心轉向死者，子之心轉向父，亦即敬宗拜祖，祖先崇拜。費奧多洛夫以此為唯一真正的宗教。

> 「宗教在本質上只有一種——就是子女對父的愛，也就是祖先崇拜」 ㉕；「除祖先崇拜之外，再無其他宗教了」。 ㉖

㉕　Там же, Ⅰ, с. 550.

兒童眼前的世界首先是父母之愛的世界；兒童的本能情感是對父母的崇敬，這是不自覺的、無需反思的。費奧多洛夫要求把這種原始的、純真的情感加以推廣，使其成為所有人的榜樣。他說：「在兒童的普遍之愛的情感中隱含著這樣一層意義：每個人都是祖先的子、孫、曾孫……」❷❼；他把《福音書》上「像孩子那樣」的誡命解釋為「效仿孩子——就是說要做人子或再生為人子」❷❽。

人類在「成年狀態」就會自覺地學會和擁有這種生命之初的真切情感，它必然使人類走向行動。與情感相結合的知識「不可能局限於觀念、思想，而是要求親證、個人參與、面對面相見；因此對復活行動的要求關鍵在於親，這是一個標準」❷❾。只有愛之情感，首先是對父母、對逝去者的愛，才能激發人的無限力量。

中國儒家也講敬宗拜祖，那是對塵世的生身父母之孝敬，以及對祖先所變成的諸神靈的崇拜。費奧多洛夫把類似的思想和基督教觀念結合起來，把上帝——天父看作是一切父、一切神靈的統一代表。他引用《聖經》中造物主的話：「我是你父的神，是亞伯拉罕的神，以撒的神，雅各的神」；「神不是死人的神，乃是活人的神」❸❶。對這樣的神的誡信之所以能喚起人的神聖激情，是因為在他背後是祖祖輩輩人的父，直到人類始祖。他們對我們來說不是「死人」，而是「活人」。

費奧多洛夫之所以堅持「最大誡命」是「愛父的神」的誡命，

---

❷❻ 同❶❾, c. 101.

❷❼ Там же, c. 118.

❷❽ Там же, c. 116.

❷❾ Там же, c. 118

❸❶ 《舊約・出埃及記》3: 6；《新約・馬太福音》22: 23。

正是因為此神（上帝、天父）是地上諸父的天上代表，而地上諸父是天父的象徵。因此，《福音書》（首先是〈約翰福音〉）作為「神子關於自己對父之神的愛的不間斷的談話」，也「要求一切人子有這樣的愛」，愛自己的父。此愛在「成年」水平上應當造成一種自覺的義務感：必須在現實上恢復他們（父）的生命。這樣就使人走向了復活事業。「對所有父之神、亞當和一切祖先之神的誠信，這是唯一的宗教；而所有其他宗教都是對神和祖的背叛」**❸❶**。

祖先崇拜之真情成為「共同事業」宗教的自然情感基礎。「活的宗教只能是一種宗教化，即把生死問題或生命的普遍復歸和共同復活行動問題引入宗教」**❸❷**。

費奧多洛夫劃分了信仰中的三種基本成分：其一，按使徒雅各的觀點，「信心若沒有行為就是死的」**❸❸**；其二，按使徒保羅的觀點，信仰是「實現所期待的東西」。這兩個定義都主張信徒要參加自己所信奉的最高理想之實現行動。其三，是費奧多洛夫自己的補充：人民大眾對信仰的樸素而深刻的理解是履行上帝意志的誓言。也就是說，信仰的本質是對自己最高目標的自願選擇，這一選擇靠著堅決實現它的誓言而得以鞏固。所以信仰是行動，是對完成自然調節與祖先復活之大業的起誓或承諾：

> 我們對「信仰」一詞的理解不是在新的、今天的、學術層次的意義上，亦即不是在關於上帝、世界與人的某種觀念的意義上，在這樣的理解中，獲得新信仰只意味著思想上的轉變，

---

❸❶ 同**❸**，II, c. 1.

❸❷ 同**❻**，c. 480.

❸❸ 《新約・雅各書》2: 17。

即掌握了某種新思想。我們這裡對「信仰」一詞的理解是在
舊的、人民的意義上，因為俄羅斯民族——也許任何民族都
是這樣……所尋求的不是知識或教義，而是事業，若沒有完
成這一事業的許諾或責任感，則這一事業是不可能被接受的。
這就是「信仰」一詞的意義；古代的「信仰」意味著誓約。㉞

㉞　同⑱, c. 112–113.

第十三章　藝　術

「共同事業」學說的藝術論，也是這一學說之根本思想的鮮明體現。質言之，這與其說是一種關於藝術的理論，不如說是實現「共同事業」理想的特殊途徑或方式。這也從一個側面反映了俄羅斯精神之藝術審美觀的「務實」特點。

第一節　藝術應當是什麼

在費奧多洛夫的人類學中，人的直立行走被賦了決定性的意義——是人脫離動物狀態、脫離盲目自然力量的第一個獨創行為；在費奧多洛夫的藝術觀中，這也是人類的第一個藝術行為。這是人類塑造自我的開始。「在直立狀態下，就像在一切自我反抗狀態下一樣，人或人子是藝術家和藝術作品」❶。這樣，藝術的第一行為也是人類生命本身的第一行為：擺脫地面，朝向天空。所以，從宗教方面看，「祈禱和祈禱（直立）狀態，是藝術的第一行為」❷。

那麼，是什麼力量激發了藝術的誕生呢？費奧多洛夫認為藝術的主要動力是原始人思念逝者的情感。由於這種情感，在葬禮之後，

❶　Федоров Н. Ф.: *Философия общего дела.* II, с. 155.

❷　Федоров Н. Ф.: *Сочинения.* с. 561.

人們力圖以某種形式留住死者的形象,於是產生了紀念碑和肖像畫,彷彿是死者的復活, 雖然是虛假的復活。「埋葬了或焚燒了死去的父之後, 子馬上就以藝術造型的形式重建父的形象。這種造型是直立狀態的, 像活人那樣; 而不是躺臥狀態的, 像死人那樣」❸。

可以作為這一觀點之明顯證據的是與葬禮相聯繫的古埃及藝術對象:在墳墓中有精確表現死者個人形象和服飾特點的雕像,用作木乃伊朽壞後代替死者; 在死者周圍還有僕人、食物和日常生活場景的繪畫, 等等。古埃及這種樸素的寫實藝術明確表現了人類力圖恢復逝去的生命、使流逝的生活凝為永恒形象的深刻需要。正是這種需要產生了藝術。若費奧多洛夫知曉中國古代的隨葬、祭奠死者和設拜列祖靈位的習俗, 想必也會引以為據。

與此相聯繫, 費奧多洛夫認為, 史詩藝術不是某天才人物的作品,而是產生於將關於列祖列宗及其活動的知識傳授給後人的願望,是對失去先輩的痛苦和對他們的懷念的表達。他說, 這種沒有結尾的編年史詩是一項神聖事業, 應當世世代代相傳下去, 直到人類能夠直接改造自然秩序、在現實上使死去的祖先復活的時候為止。

費奧多洛夫把藝術劃分為象形藝術和現實藝術。象形藝術是對地上和天上所有的一切的摹仿,是對人們外在感覺到的世界的重建。它所重建的天與地不是作為上帝意志之表現的天與地, 而是在盲目自然力之作用下的天與地, 這些自然力非但不受理性支配, 而且被奉為天神。所以象形藝術是對剝奪和吞噬我們生命的天與地的重新塑造,因此這種藝術被上帝的誡命判定為偶像崇拜或思想崇拜。偶像崇拜即對摹仿盲目力量的偶像的崇拜,而不是對盲目力量的支配; 思想崇拜即對抽象的、尚未變成行動的思想的崇拜, 對無目的的、

---

❸ 同❶, II, c. 349.

無精神的知識的崇拜。現有的大多數藝術種類都是這樣的象形藝術：雕塑和肖像畫是對生者或死者的摹仿，建築是對天與地的摹仿，音樂是對內心情緒和感受的體現，等等。

象形藝術又有兩種，此兩者雖然都是對世界的重塑，但是按照對世界的兩種不同的解釋進行重塑的。一種是保持了對父之愛的「人子」的內在感覺所理解的世界，另一種是忘記父的「浪子」的內在感覺所理解的世界。這兩種情況下所產生的藝術雖都是象形藝術，但前者是宗教藝術，後者是世俗藝術。宗教藝術是以集一切藝術為一身的教堂的形式來重塑世界；而世俗藝術、「浪子」的藝術，是以世界博覽會的形式重塑世界，其中所有藝術品都與工業有關。宗教藝術只違背了一條誡命，即把摹仿當作現實，把仿造的再現當作真實的復活，把教堂彌撒當作教堂外的復活行動；而世界博覽會形式的世俗藝術則違背了所有十條誡命，造成了反對信仰甚至反對理性的罪孽。因為它使理性服從於盲目自然力，不僅沒有力圖支配這種盲目力量，反而在為它效力❹。

與象形藝術相對立的是現實藝術。如果象形藝術是對自然本身的客觀的、消極的摹仿，那麼現實藝術則是對自然界的積極的、創造性的理性改造。這種藝術距離我們所理解的藝術或純粹藝術已相去甚遠。「被正確定義的藝術不能脫離科學、道德與宗教」；這樣的藝術實際上是自然調節之大業的一部分，因此尤其與天文學有關。「美學是關於重建在微小的地球上存在過的全部理性生物的科學，為的是使這些理性生物在未來支配整個廣闊宇宙」❺。

如果說象形藝術是現有藝術的主要形式，那麼現實藝術則是

---

❹　同❷，c. 563–564.

❺　同❷，c. 564–565.

「應有的」藝術。費奧多洛夫所說的現實藝術與通常所說的現實主義的藝術大不相同，因為他對「現實」的理解不同尋常。我們通常所理解的現實是指客觀存在的事物，與主觀想像、善良願望相對立，所以藝術中的現實主義主要是指藝術源於和反映客觀現實的原則，反對脫離實際、遠離生活實際的主觀主義。但在費奧多洛夫哲學中，「現實」具有另一種含義，它不是變動不居的事物的現狀，而是事物之永恒的理想狀況，是實在的最高境界，以宗教術語來說，是上帝對該事物的安排和設想；用世俗語言來說，是該物的符合人的道德理想的狀態，或「應有」狀態。因此這樣的現實完全不是事物的自然狀態本身，自然物本身被認為是盲目的無理性的，應當克服和改造的（與道家的「道法自然」恰恰相反）。所以藝術非但不應是對「自然事物」的客觀反映，而且正應當是對自然狀態的改造。持這樣一種「現實」觀者在俄羅斯哲學中不乏其人。索洛維約夫的「應有哲學」和別爾嘉耶夫的自由精神哲學，都有類似的思想。

這樣，「應有」的現實藝術就要擔負起遠遠超出我們所說的藝術範圍之外的宏偉使命：

> 解決「藝術應當是什麼」的問題，就是解決理性存在物與盲目自然力之間的矛盾，就是解決人與自然之間的最不正常的關係，就是解決理性存在物何以服從盲目力量的問題……
>
> 如果說「藝術曾經是什麼」的問題等同於「人們之間不和以及自然對人不親的原因何在」的問題，那麼，「藝術應當是什麼」的問題就將是「如何團結一致以便使盲目自然力變成為人的理性所支配的力量」的問題……完全重建親的關係，這也將給藝術提供應有的方向，給藝術指出目標。……把全部

世界變成為復活了的世代人的理性所支配的世界，這也是藝術的最高目標。❻

這樣，在「共同事業」的理想中，藝術就應當積極地創造現實本身：

> 「偉大的藝術作品……在塑造世界的同時，努力賦予世界以自己的形象；它們在自身之中反映世界的時候，又在否定世界。沒有什麼藝術作品不在生活中發生某種作用，不給生活帶來某些變化……藝術作品是新生活的方案」。❼

藝術不是簡單地摹仿現實，也不是像浪漫主義者那樣「改變」現實，而是創造新的現實，創造新的、具有自己屬性的世界——這樣一種對藝術的要求是二十世紀「新藝術」的理論與實踐所表達的藝術觀。用古典藝術形象來表達，唐吉訶德和浮士德就是人的這種創造精神的體現。正如法國詩人阿波利奈爾(G. Apollinaire, 1880–1918)所說：「我們想給你們一個廣闊而奇異的世界……那裡有新的火焰和永遠看不見的顏色」❽。

費奧多洛夫的這種藝術觀對索洛維約夫的美學思想有很大影響。在〈藝術的一般意義〉(Общий смысл искусства, 1890)一文中，索洛維約夫所表達的基本思想就是「真正的藝術是一項重要事業」：因為藝術是對自然美的超越，是人的理念的體現。他提出藝

---

❻　同❷, c. 561–563.

❼　同❶, II, c. 434–435.

❽　Семёнова С.: *Н. Ф. Федоров: творчество жизни.* c. 297.

術的三個任務是：⑴把那些自然美所無法體現的理念的最深層的內在規定性和本質直接客觀化；⑵使自然美充滿崇高精神；⑶藉此使自然美的個體表現為永恒，就是把物理生命變成精神生命。所以藝術的最高任務是「在我們的現實中完全體現這種精神的完滿性，實現絕對的美，或建立全宇宙的精神有機體」❾。換言之，「完善的藝術的終極任務應當是在現實事業中而不是在單一的想像中實現絕對理想——應當把我們的現實生活精神化」❿。

這裡再次表現了俄羅斯思想與西方思想在文化觀上的不同特點。在西方，一般說來文化對於社會現實、具體人生來說具有較大的相對獨立性。文化沒有許多負擔，可以輕裝前進，所以產生各種供消遣娛樂的通俗文化。在西方，文化本身就是最高價值，它無需和人生的最大不幸——死亡作鬥爭，文化本身就是人的自然存在之輝煌。雖然人終有一死，但人能創造出永恒的藝術品，此藝術品之美與完善並不關涉個人之死的悲劇。

而在俄國，首先是以果戈理、托爾斯泰、費奧多洛夫、索洛維約夫為代表，這種「文化是最高價值和民族最高使命」的觀念受到了堅決懷疑。十九世紀俄羅斯燦爛文化的創造者們，無論是文學家、音樂家還是畫家，更不必說哲學家，他們之中的任何人幾乎都從來不曾忘我地獻身於作為最高價值的文化本身，也就是從來沒有把藝術本身作為終極目標而忘卻自己對現實的人民和社會的責任。這也是十九世紀俄國知識分子的典型特點。

由此就不難理解這樣一種奇怪現象：在文學藝術上登峰造極的托爾斯泰，自己卻拒斥文化形式。這是因為作家認為文化本身並不

---

❾　Соловьев В. С.: *Сочинения*. В 2 томах, Т. 2, М., 1988, с. 351.

❿　Там же, с. 404.

能真正改造具體的人生不幸和現實之惡。在托爾斯泰看來，在充滿了敵對、貧窮、不公的社會裡，對於具體的、活生生的個人生命來說，純粹的藝術不僅是奢侈品，而且只是漂亮的外衣、虛假的玩偶，甚至是有意無意的騙人把戲。

由此也不難理解何以「為藝術而藝術」的觀點在俄國受到廣泛批評，不僅革命民主主義思想家不能接受，而且宗教神秘主義哲學家也予以反對。這兩大對立派別在這一點上卻彼此相投：索洛維約夫就稱讚車爾尼雪夫斯基「美是生活」的著名論斷是「走向積極美學的第一步」。

可見，在俄羅斯傳統中，文化彷彿總是難得輕鬆，總要擔負著關注和變革人生苦難和社會不公的歷史重任，甚至負有戰勝死亡的責任。

第二節 教堂——藝術的最高綜合

宗教世界觀與世俗世界觀都把自然性與人為性對立起來，但兩者對自然與人為的理解卻各不相同。一般說來，宗教世界觀所說的自然主要指人的自然欲望、墮落本性，而人為指人的似神性，也就是人的理想。宗教思想主張以人為性完全戰勝自然性，主要是在內在道德意義上而言的。這裡，人為性相當於精神性，自然性相當於物質性。人的自由就是精神性戰勝物質性的內在自由；而世俗世界觀所理解的自然性則是外部自然世界，人為性指人的理性。這時，以人為性戰勝自然性，並不是對自然世界的完全否棄以重建人為世界，而只是以理性來認識、把握和利用自然規律，所以人的自由是在自然範圍之內的對自然規律的把握程度，因此絕對的人為性或自

由是不可能有的。費奧多洛夫將這兩種世界觀混淆起來，他像世俗
世界觀那樣將自然性理解為自然物質、盲目力量，又像宗教世界觀
那樣要求對自然性的徹底改造、完全克服，實現人的絕對自由，不
僅「內聖」，而且「外王」。「共同事業」的目標就是按照人的理想
和願望完全重建整個宇宙。而教堂就彷彿是按照人的目標、符合美
與和諧的願望而建造的理想宇宙。

　　教堂作為一種建築藝術，把沉重的、僵死的物質材料進行重新
安排，克服了它們的沉落，並使其成為美的形象。這在費奧多洛夫
眼中，象徵著對物質世界的應有改造。教堂作為一種「象形建築，
是對墮落的反作用，是對墮落之物的支撐、提升，在一定程度上是
對墮落物體的戰勝」**❶❶**。

　　教堂也是戰勝死亡的某種象徵。教堂壁畫使祖先和聖者栩栩如
生。「教堂，甚至最大的教堂，同它所模擬的宇宙相比也是微不足
道的；但在這一規模微不足道之物中，有死的、有限的人被想像得
無限深遠、廣闊和高大，以便能容納在盲目自然中只活於瞬間的一
切」**❶❷**。

　　教堂建築和其功用相結合，成為一切藝術的活的綜合。「人子
在教堂中通過版畫、油畫、聖像畫來精雕細刻地塑造無限空間、無
窮威力和生命本身；為此又訴諸聲音、語言、文字……」**❶❸**的確，
俄羅斯的音樂、文學、繪畫等藝術在歷史上都是從教堂走向世俗化
的。且西方也大抵如此。

---

❶❶ 同**❷**，c. 570.

❶❷ 同**❷**，c. 571.

❶❸ 同**❷**，c. 571.

第三節　博物館的意義和使命

博物館在費奧多洛夫學說中不僅具有藝術價值和紀念意義，而且是實現「普遍復活」之業所必需的現實手段。

然而費奧多洛夫也感到，對博物館、對歷史和祖先的關注，在現代文明社會中顯得不合時宜了。所以他指出博物館在現代人眼中的二重性：「在我們這個時代，這個傲慢自負的和孤芳自賞的（也就是『文明的』和『文化的』）時代，要表達對某件作品的輕蔑，最合適不過的表達就是『把它交給博物館、檔案館去』」。但另一方面，「博物館」一詞還保留著敬重的含義。「因此輕蔑意義上的博物館和敬重意義上的博物館，這是一個需要解決的矛盾」。但是，費奧多洛夫接著說，「應當指出，對被送進檔案館的東西的輕蔑是毫無根據的，此現象之所以發生，是由於我們的時代已徹底喪失了對自己缺陷的自知之明。假如沒有喪失這種能力，那麼就會認為交給博物館不僅不是羞辱，而且是榮耀」 ⓮。

但是另一方面，博物館在歷史上曾經存在，在現代也沒有完全消失，這證明人類對保留歷史、銘刻過去的不可磨滅的願望。「博物館的畢竟存在表明，子還在，子之情尚未泯滅，世界上還有拯救的希望」 ⓯；「博物館所收藏的都是死的、過時的、不能使用的東西；但正因為如此，它才是時代的希望，因為博物館的存在表明，沒有終結的事業……對於博物館來說死不是終結，而只是開端……」 ⓰。博

⓮　同❷，c. 575.

⓯　同❶，II, c. 419.

⓰　同❷，c. 578.

物館是生命的延續，是復活的希望。

費奧多洛夫對博物館的理解是最廣義的：一切對過去的物化紀念都屬博物館之列。歸根到底，人類的一切對象性活動都是現實的或潛在的博物館展品。因為今天也將成為明天的歷史，成為記憶的事實，也就是被送進歷史檔案館。這樣，從一定觀點看，整個世界就是一個巨大的不斷充實的博物館。這種觀點就是不忘過去，力求使一切永駐不逝的觀點。

博物館收藏物和紀念品不是為了抽象認識，不是為了批判和借鑒。按照費奧多洛夫的觀點，博物館應當以子之情使認識精神化，給認識指明「父業」的方向。因為人們之間的博愛（兄弟之愛）是靠共同的父來維繫的。如果忘記了父，則兄弟之情就會遭到破壞。所以人們的「不親」狀態正是由於忘記父造成的。為了恢復、重建人間之「親」， 就必須「使人類全部知識成為關於父的科學，使人類的全部藝術，也就是全部事業，都以父為自己的對象」[17]。

博物館是所有人紀念往昔的表達。但這裡所紀念的不是舊時的物，而是逝去的人。博物館是一切活人的教堂。博物館的活動不僅表現在保存，而且表現在收集、恢復。它不應當是消極無為的，對世界間之紛爭不睦狀態漠不關心；博物館不能是理想主義者（唯心主義者）的教堂，他們對世界紛爭和生命喪失置之不理，一心追求世外桃源，如柏拉圖；博物館也不能是現實主義者的教堂，他們將世界紛爭和生命喪失視為合理和必然，並予以支持；博物館也不能是對世界紛爭的紀念品的收藏，像商品陳列室、工業博覽會、法律檔案館那樣；最後，博物館不能只成為學人和藝術家的教堂。博物館知識不是抽象的、靜觀的知識，而是一種研究，即研究世界不和

---

[17] 同[2]，c. 601.

睦狀態的原因，包括直接和間接原因、基本和次等原因、社會和自
然原因。「也就是說，博物館包含了關於人和自然的全部科學……
這樣，博物館沒有縮小知識的範圍，而只是消除了純知識與道德之
間的區別」⑱。

　　實際上，費奧多洛夫所說的博物館是他的「共同事業」之宗教
的普世教會，此教會的使命就是重建人們之間的親情與友愛關係。
「關於統一的學說也是一種宗教學說……把關於統一的學說變成宗
教學說，這表現了博物館的跨宗教信仰的意義、跨宗教團體的意
義」。⑲走進博物館就是走進彷彿是全人類之龐大軀體的大教堂，就
是接受統一的新宗教關於人類的目標與義務的誡命。

　　我們再次看到，費奧多洛夫的博物館思想是和他的整個學說相
一致的，也是他一般哲學觀的一部分。如前所述，他將宗教世界觀
與世俗世界觀混為一談，試圖通過現實行為、物質手段、外在道路，
達到基督教世界觀所追求的內在精神理想。正如他所直言：「基督
教的作用是內在的、觀念的、精神的，而博物館的活動則是物質
的」⑳。宗教以精神、神秘、神奇戰勝自然，而費奧多洛夫則試圖
不以神奇行為克服自然規律，而以現實行動。他相信能以人的認識、
人的理性和力量逐步地直至徹底地改變盲目的自然秩序，最終建立
完全符合人的道德理想的人間天國。藝術和博物館，都成為實現這
一理想目標的現實手段。

---

⑱　同❷，c. 597.

⑲　同❷，c. 603–604.

⑳　同❷，c. 596.

第十四章 費奧多洛夫與二十世紀

思想是超時空的。二十世紀一些俄國科學家和文學家關於走向宇宙、人體改造、不死和復活的論題，都與費奧多洛夫思想有這樣或那樣的關聯。

第一節 齊奧爾科夫斯基

費奧多洛夫是一位幻想家，而俄國宇航學奠基人齊奧爾科夫斯基也被稱作「卡盧加的幻想家」。 相信人的理性改造活動是世界進化的最重要因素，此因素應使世界走向日益和諧與完善——在這一基本信念上，兩位思想家是十分一致的。我們在前文論述「自然調節」時（第十章第二節），已講到費奧多洛夫對齊奧爾科夫斯基的影響，即費是齊青年時代的直接思想導師。

當然，關於費奧多洛夫哲學在多大程度上影響了青年齊奧爾科夫斯基的世界觀形成，還有另一種意見，認為這種影響發生比較晚，因為齊是在費去世十年以後才了解他的學說的，即讀了《共同事業的哲學》， 給它留下強烈印象。的確，如我們在第二章中所交代，齊不可能更早地了解「共同事業」學說的全部內容，因為《共同事業的哲學》第二卷是在1913年才問世的，而第一卷雖出版較早，但

印數極少，很難見到。

但無可爭議的是，費奧多洛夫是齊奧爾科夫斯基宇宙論思想的先驅者，是俄國宇宙論流派的預言者。在《共同事業的哲學》中直接預示了許多為齊奧爾科夫斯基後來所具體研究和確定的思想。齊在1928年出版的《地球與人類的未來》一書中就包括這樣的思想。書中設想了對地球的未來改造過程的圖景。在這裡，我們可以找到費奧多洛夫方案的積極實現：氣象調節、太陽能的廣泛利用、植物形式的完善等等。「透過溫室的薄薄的透明頂棚，太陽能損少甚少。我們避開了暴風、濃霧、惡劣天氣及其破壞作用。不再有對植物和人的危害者。植物利用了50%以上的太陽能，因為這是最合理的吸收利用，是對自己生存的最有利條件」❶。他還認為，為了完成全部宏偉的未來任務，人類還應當進一步繁衍，使人口增加千百倍(達到每100平方米必須有一人)，只有這樣才能使人類成為陸地、海洋、空間和自身的絕對主人。

我們看到，這種設想在當今顯得幼稚之極，但在那個時代並不足為奇。在十九世紀末和本世紀初，甚至到本世紀中期以前，人類的主導思想還是如何以科技手段征服自然界。那時尚未暴露出資源與環境問題，沒有看到「發展的極限」。齊奧爾科夫斯基主要把人看作生產者，只想到以增加人口來增加人類征服自然改造世界的力量，卻未曾考慮到人也是消費者，而且是永無滿足的消費者。隨著條件的許可，人類的消費已遠遠不是當年的以溫飽為限；人對生活舒適與享樂的追求彷彿永無止境，後人的人均資源消耗量已大大超過前人。這樣，就必然導致資源與環境問題。如今，節約能源與保

---

❶ Циолковский К. Э.: *Будущее земли и человечества.* Калуга, 1928, c. 26.

護環境，已成為全球的時代強音。但在那個時代，這一「全球問題」還很少被意識到。幾十年前的中國人口政策也曾遵奉「人多力量大」的信條。

科學家齊奧爾科夫斯基與哲學家費奧多洛夫對人類與宇宙之未來的設想「方案」有許多相似之處，但他們二人的本體論基礎和倫理前提是各不相同的。對此不妨作一比較，以便更好地理解費奧多洛夫哲學之特色。

齊奧爾科夫斯基對人與世界的基本觀點是唯物主義——他確認在宇宙中存在和起作用的唯一本體和力量是無限發展變化的物質，人也是物質發展的一定階段和物質構成的特定方式。一切現象都是物質的無限循環所致；物質或組合成星體，或分散到空間形成不可見的微粒。這種物質演化是日益複雜的，此複雜化有無盡頭和是否會重新簡單化——這是不得而知的。這個過程近乎自然過程。

費奧多洛夫世界觀是一種宗教與唯物主義的混合。他也承認物質世界的不斷複雜化發展，但這種發展不是自然過程，而是人為過程，要依賴於人自身。具有理性、認識、道德的人是這一過程的設計者和推動者。因為在他看來人既來自自然，又來自上帝，人的特殊使命來自上帝，正是人的似神性給世界進程帶來質變。人負有改變自然、調節宇宙的神聖使命。而且這一發展過程不是無限循環，而是直線前進。確切地說這一過程甚至不是物質的「發展」，而是人的「重建」。可見，費奧多洛夫哲學觀不是自然本體論和唯物主義，而是人類中心論和人本主義。

費奧多洛夫所強調的是有理性和道德的人與盲目自然界的本質區別，因而人的生命與動物生命也有本質區別。這是與基督教觀念相符合的；齊奧爾科夫斯基則不看重這一區別，他從自然演化論

出發，只講生命一般，它包含了各種生命形式，不論低級與高級。所以在他看來生命分布於整個宇宙，從低級發展階段的生命形式到最完善的、有高度意識的、不死的生命體現者。而人類只不過是那些宇宙間所具有的高度組織化的和有意識的生物中的一個遠遠落後的小兄弟。

費奧多洛夫所說的人的生命是有血有肉的、有情感、意志、道德的個人生命，這樣的個人生命是最高價值，正因此他才視死為世界之極惡和人類之大敵，以拯救人於死和復活祖先為最高道德義務。因為只有具體個人才有死，人類是生生不息的。

而齊奧爾科夫斯基所關心的不是具體的個人生命。他看到的宇宙基本單位是原子，原子是「生命的原始公民」。「生命的死亡只是一種原子組合的破壞、生命成分的分解，並不伴隨著公民即原子的死亡」❷。這樣，被費奧多洛夫視為世界之極惡與人類之大敵的死，對齊來說是不可怕的，甚至是不存在的。因為個人之死只是人類的生命過程的短暫間隔，生命之總進程是周而復始、生生不息的，並構成一個巨大的和完善的生命❸。這就是齊奧爾科夫斯基的《科學倫理學》一書中的觀點。至此，我們看到，他已與其師費奧多洛夫的悲憫精神大相逕庭了。若費老先生讀到此書，定會怒斥之為對人死之苦無動於衷甚至為其辯護的，無情無義的「浪子」的自然主義。

齊奧爾科夫斯基的宇宙倫理學是受了皮薩列夫(Д. И. Писарев, D. I. Pisarev, 1840–1868)的道德虛無主義和車爾尼雪夫斯基的「合理利己主義」理論的影響。因此這種宇宙倫理學具有一定的社會達爾文主義傾向。在他看來，地球上的道德「也像天上的道德一樣，

---

❷　Чиолковекий К. Э.: *Научиаяэтика*. Калуга, 1930, с. 29.

❸　Там же, с. 32.

就是消除一切痛苦。這也是理性所指出的目標」❹。「必須使地球和其他行星具有這樣一種秩序，使得它們不成為生活在不完善形式中的原子的痛苦之源」。這種「科學倫理學」應成為未來改造地球和一切生物的基本標準。「以上述理論為根據，人就可以不客氣地對待低等存在物，消除有害於己的東西，增加有益的東西。這樣，我們也會心安理得……低等動物具有微弱的理性或完全沒有理性」❺。這樣，「高等生命」對「低等生命的統治、消滅都是『合理的』，甚至是符合『宇宙倫理』的」。

　　這種觀點與費奧多洛夫的思想格格不入。費奧多洛夫的理想是不喪失任何人性的東西，而且要找回逝去的東西；在此，不可能有只具備理性而不具有情感和道德的人。他對人的最根本要求是道德之心，即對祖先、對他人的「親」與愛，而不是「合理利己主義」。「而且這種道德之心不僅局限於個人和社會，還應推廣到整個自然界。人的任務是把一切自然的東西道德化，把盲目的、無意識的自然力轉變成自由的工具」❻。

第二節　庫普列維奇

　　長生不死是人類的永恒夢想，也僅僅是夢想。十九世紀末，俄國「幻想家」費奧多洛夫對「人固有一死」的「普遍真理」提出了理論上的質疑（本書第八章第三節）；半個多世紀後，另一位前蘇聯科學家、白俄羅斯科學院院士庫普列維奇(В. Ф. Купревич, V. F.

---

❹　Там же, c. 46.

❺　Циолковекий К. Э.: *Ум и страсти. Калуга*, 1929, c. 15.

❻　Федоров Н. Ф.: *Сочинения*. c. 433.

Kuprevch, 1897–1969) 也論證了類似的觀點。與費奧多洛夫不同的是，他是總結了自己一生研究植物學的經驗而得出「死非必然」這一「哲學」結論的。

作為生物學家，庫普列維奇熟知動植物的自然世界。正是這些知識使他懷疑死亡本身的不可避免性，懷疑死亡是生命之不可分割的屬性。他在一篇文章中寫道：「實際上，生命形式的基礎是原生質體——是這樣一團複雜物質，它在不斷自我更新，能夠在與外部環境進行物質與能量交換中無限改變自己的屬性。原生質體構成一定種類的活物質的能力是無止境的」❼。他看到，現在在自然界中存在著不死的物質：許多單細胞生物，如鞭毛蟲；微生物機體在適宜條件下能存活幾億年；生長幾千年的紅杉之死並不是由於衰老（它的細胞還是年輕的），而是由於外部原因。

有機物與無機物的原則區別就是能夠進行自我更新。庫普列維奇在另一篇文章中說：「人堅於岩石，我把人比作河流，河中之水常新，而河總是依舊。試問，為什麼這一永遠流動的生命過程應當有終呢?」❽

當年，費奧多洛夫提出：「死只是受某些原因制約的一種屬性、一種狀態」，而不是人之為人的本質❾。現在，庫普列維奇在科學研究基礎上也確信，死並不是自然界中原初就有的，死只是在進化過程中為加速物種完善、在自然選擇作用下所形成的一種適應手段。但對人來說,這種通過更新換代來完善物種的有效機制已不起作用,

---

❼ Купревич В.: Долголетие: реальность мечты—*Литературная газета*, 1969, No. 49.

❽ Купревич В.: Путь к вечной жизни.—*Огонек*, 1967, No. 35. с.15.

❾ 同❻, с. 365.

通過這一機制已達不到自然的進步了。因為已產生了一種改造世界和自身的能動力量——理性，它在本質上要求個體的無限完善。世代更替和死亡作為生物進化手段已變成舊時代的殘餘。形象地說，彷彿這種機制已經由於慣性作用而在空轉，只是自然界一旦採取了此機制就停不下來了。但隨著意識的產生，自然界創造出了自覺地停止這一機制的前提——人的勞動與創造。「死是與人的本質相敵對的」；「死作為使人世代完善的因素，已不再需要了。從社會觀點看，死是無意義的」。

可以看出，在死的問題上，費奧多洛夫與庫普列維奇的目標是一致的，而動機和論證方式則不同。費奧多洛夫作為宗教思想家、哲學家，側重於道德方面：指出死是世界之極惡、人之大敵，不死和復活是個人生命意義之必要；庫普列維奇作為科學家，側重於科學方面：指出死並非必然，長生不死在生物學上是可能的。他在〈長壽：夢想的現實性〉（Долголетие: реальность мечты）一文中認為：人的平均壽命年限是現代人的祖先的生理本質的長期演化之結果，它並不是絕對的、不可動搖的，像許多人所認為的那樣。「我們相信，人的壽命界限是在歷史上產生的，就是說，它在原則上可以延長任何年」。 人的壽命是這樣一種「類的」生命形式，它是歷史上形成的，通過個體更新換代而實現的。而生命的基本機理本身——與環境的物質交換和機體的不斷更新——並沒有指出這種變換與更新過程的必然終點。而且，在生命的原始階段就存在著實際上的不死狀態（單細胞生物的周期性復壯），在高級組織階段這種狀態喪失了，但在原則上沒有重新獲得此狀態的禁區。就是說，並沒有生命之長壽不死的理論禁區。

生理學表明，與人體所有其他細胞不同，人的高度分化的神經

細胞從生至死是不更換的。庫普列維奇相信，將來會出現這樣一種心理治療法，它能防止神經系統的損耗和促使其再生。如果像一些科學家所認為的那樣，有被設定好程序的「死亡病毒」，那麼，也能夠代之以「不死病毒」，它透入機體的每一個細胞，使其年輕化或成為不死的細胞。

庫普列維奇表示，將會有一個長壽的時代，然後是人類在實踐上戰勝死亡。但目前還很難想像戰勝衰老與死亡會給人類帶來多大福利。因為隨著人類力量的增長和社會發展，人類的空間分布日益擴大，長壽和不死將使生命活動的有限範圍——地球變得十分擁擠，只有向宇宙空間尋找出路。而要征服宇宙，也需要實際上不死的人，因為「只有幾十年壽命的人，不可能克服星際距離，正如朝生暮死的蝴蝶不能飛越海洋一樣」。

第三節　維爾納茨基

費奧多洛夫的「自然調節」思想實際上是十九世紀末二十世紀初的俄國宇宙論或能動進化論這一大的科學—哲學流派的先聲。蘇霍沃—科貝林、齊熱夫斯基、齊奧爾科夫斯基都是這一流派的代表。當然，其中最為著名的當屬維爾納茨基。而他的最著名的思想就是「理智圈」理論。這一理論為宇宙論的某些大膽設想提供了一定的現實基礎。

「理智圈」（俄文Hoocфepa，法文noosphère，"noos"的希臘語原意為理性、理智、精神；中文又譯「智力圈」，「精神圈」）一詞最初出自法國數學家、哲學家愛德華・勒魯瓦(Egouard Le Roy, 1870–1954)之口，是他在巴黎法蘭西學院 (Collège de France)

1927-1928 學年講座上提出的。還有一位合作者是他的朋友、法國古生物學家、哲學家夏爾丹（德日進）。 但他們關於「理智圈」的思想是在維爾納茨基的「生物圈」(биосфера)和「活物質」(живое вещество) 概念基礎上提出的，而這些概念是維爾納茨基於 1922-1923年在索邦大學（Sorbonne，巴黎大學的一部分）的講座中進一步論證和發展的。

「理智圈」的含義是什麼? 從哲學上看，可以說這一理論是從生物進化歷程上對人在其中的作用、意義和使命的說明。有意識有理智的人的產生，是進化史上的一種飛躍或質變。人的出現意味著「進化過渡到了對新的、純心理手段的運用」， 因為人具有自然史上前所未有的理性、精神、心理屬性，不僅能認識世界，還能反省自身。勒魯瓦說：「在動物的生物圈之後，是更高級的人圈，是反思圈、自覺和自由發明創造之圈，簡言之，是思想圈: 特別是理智圈，或noosphère」 ❿。就是說，理智圈與生物圈有質的不同，而且可以對生物圈進行改造，人可以通過理性和創造來能動地支配世界進化。由此可見，費奧多洛夫把「自然調節」解釋為「以理性和意志介入自然」，便包含著理智圈思想之內核。

維爾納茨基是在地質學、生物學基礎上說明理智圈理論的，或者說，他為作為一般哲學觀念的理智圈理論提供了自然科學根據。他提出了一個新概念：生物地質化學能 (биогеохимическая энергия)。這是一種由自然有機體（活物質）的生命活動所形成的自由能；它引起生物圈化學元素的遷移，進而形成了生物圈的歷史。隨著有理智的生物 —— 人的出現，活物質具有了一種前所未有的複雜而強大

---

❿　Le Roy E.: *Les origines humaines et l'évolution de l'intelligence*. P. 1928, p. 46.

的能，它引起了化學原素的特殊形式的遷移。活物質的通常的生物地質化學能是通過繁殖來生產的。一旦有理智的人類成為一種能量形式，這種能量就成為無限壯大和十分有效的能量，雖然它相對於地球的全部歷史來說還相當幼小，但已成為地球地質史的一個基本事實。這樣就創造出了「活機體統治生物圈的新形式」❶，就有可能「完全改造它周圍的全部自然界」❷。

維爾納茨基認為，二十世紀已產生了向理智圈過渡和實現自覺一能動進化理想的某些物質因素：第一，人類的全世界性，亦即「人為生活而完全占領了生物圈」。整個地球，直到最難以達到和最不適宜生活的地方，都得以改造。人能夠進入地下、水裡和空中。第二，人類的趨同性。由於科技發展、交通通訊的快捷，形成了全世界相近的生活方式和文化；另一方面，許多人已習慣於把全人類的統一、平等、友愛之理想看作高尚道德理想。雖然此理想距離真正實現還道路遙遠，但統一性作為一種自發的、自然的現象，必然為自己開闢道路，儘管還客觀存在著許多社會和國際矛盾與衝突。第三，「人民群眾正在獲得影響國家和社會事業進程的越來越多的機會」；第四，科學的發展，科學成為創造理智圈的強大「地質力量」。維爾納茨基相信，「表現為創造理智圈的地質力量的科學知識，不可能導致與它所創造的過程相反的結果」❸。

這些都寫於第二次世界大戰前，而這場戰爭最明顯地告訴人

---

❶ Вернадский В. И.: *Размышление натуралиста*. М., 1977, с. 95; 96.

❷ Его же. *Химическое строение биосферы земли и её окружения*. М., 1965, с. 272.

❸ 同❶，с. 19.

們，科學不僅造福人類，還可以出色地服務於惡的、反「理智圈」的力量。但這並未推翻維爾納茨基的信念。而且，他也曾見證了第一次世界大戰「將科學知識前所未有地運用於軍事破壞的目的」。那時他還預言，科學技術在此前所發現和運用的殺人手段「未必在這次戰爭中表現出來，但有可能在將來造成更大災難，如果這些手段不以人類精神力量和更完善的社會組織加以限制的話」❹。所以那時他就提出應建立「科學家國際」來推行「科學家對科學發現之運用的道德責任意識」。

　　既有此經驗，維爾納茨基何以還堅持相信科學技術和人類理智的積極力量呢?因為這不是從善良願望和道德感出發而產生的信仰，也不是僅以眼前事實為根據的信仰。對他來說，理智圈的方向是千千萬萬年進化史的必然選擇，具有地質發展史的客觀規律性，不為某些暫時的、局部的反面事實所動搖。因此他對人類的未來持樂觀主義態度：「庸人以及某些哲學家和人文學科的代表們關於文明可能毀滅的一切斷言和恐懼，都是由於低估了地質過程的深度與力量。我們現在所經歷的從生物圈向理智圈的過渡就是這樣一個地質過程」❺。據說，從第二次世界大戰爆發之日起，他在日記中就表示相信「野蠻力量」必將失敗，因為它們反對理智圈過程。

第四節　勃留索夫

　　費奧多洛夫逝世不久，在剛剛開始出版的俄國象徵主義學派機關刊物《天平》(*Весы*, 1904, No. 2) 雜誌上刊登了費奧多洛夫的畫

---

❹　Вернадский В. И.: *Очерки и речи*. Т. 1, Пг. 1922, c. 131.

❺　同❶, c. 36.

像和論文片段〈建築與天文學〉(Архитектура и астрономия)。
發表這個片段並為之命名的就是俄國著名詩人、象徵主義派領袖勃
留索夫。

　　關於費奧多洛夫其人和思想，勃留索夫是在九〇年代任《俄羅
斯檔案》(Русский архив)雜誌秘書和常任編輯時知道的。該雜誌主
編巴爾捷涅夫(П. И. Бартенев)是費奧多洛夫的老同事，其二子謝
爾蓋和尤里對費奧多洛夫學說很信服，謝爾蓋自稱是他的學生，曾
寫詩倡導「共同事業」。此詩至今仍保存在費奧多洛夫手稿材料中。
勃留索夫是通過尤里認識費奧多洛夫的。他在1900年4月21日的日
記中記錄了相識的情景。

　　後來，《共同事業的哲學》一、二卷相繼出版，勃留索夫更詳
細地了解了費的思想。這些思想在詩人的許多詩作（尤其是晚年）
中得以廣泛涉及。在詩人十月革命前的詩集中就可以明顯看到費奧
多洛夫的思想主題：其中有對世界的創造性改造、自然調節、把地
球變成可控制的宇宙飛船（如〈在未完成的大廈裡〉(В неоко-
нченном здании)、〈人贊〉(Хвала человеку)等詩中）；也有「進
攻天空」、克服人的生理局限性（如〈致第一批飛行員〉(Первым
авиаторам)、〈致幸福的人〉(К счастливым)、〈年輕的地球〉
(земля молодая)、〈兒童的期望〉(Детские упования)等詩)。在
〈幻想的界限〉(Пределы фантазии)中勃留索夫寫道：「俄國哲學
家費奧多洛夫認真地設想了駕馭地球在空間運動的方案，把地球變
成一塊巨大的磁鐵，乘坐地球，就像乘坐一艘巨輪一樣，人們不僅
可以到達其他行星，而且可以造訪其他星球。我曾經在自己的〈人
的頌歌〉(Гимн человеку)等詩中試圖轉達哲學家的這一理想」❶。

---

❶　*Литературное наследство*, Т. 85, М., 1976, с. 70–71.

　　十月革命後，勃留索夫把實現「科學詩歌」的理想看作自己創造的主要任務。他計畫創作一部完整的詩集，名為 *Planetaria*。在詩集前言中他表示相信，人類生活將迎來這樣一個階段，那時整個地球都成為團結一致的，或以統一國家形式（全世界社會主義共和國），或以另外形式，把世界所有人的勞動和努力聯合起來，為了共同的目標。那時就進入了生命的新階段：在太陽系爭取自己的地位」❼。

　　Planetaria 沒有問世。但取而代之的是另外兩本詩集 *Дали* (1922) 和 *Mea*(1924)。其中把對現時代「現象與事件」的行星——宇宙學考察方法引進詩歌，號召以集體的努力掌握空間和時間——走向宇宙和戰勝死亡。如〈進攻天空〉(Штурм неба)，〈一去不返〉(Невозвратность)，〈恰如秋葉〉(Как листья в осень)等詩。詩人始終不渝地相信：

　　　　作為生命的君王，我們要住在
　　　　另外的世界、另外的星球上！

第五節　高爾基

　　實際上，在十月革命後十幾年間，熱衷於費奧多洛夫思想的有一批科學家和文人（那是一個充滿世界幻想的年代，尤其是在喜愛幻想的俄羅斯）。為中國讀者所熟知的俄國作家高爾基 (Максим Горький, M. Gorky, 1868–1936)也是其中一位。他在二〇一三〇年

---

❼　Там же, с. 237.

代初發表的許多政論和文學作品中擁護「自然調節」方案，相信人類的無限發展甚至達到長生不死的可能性。如〈論知識〉(О знании)、〈論與自然鬥爭〉(О борьбе с природой)、〈論天氣權〉(О праве на погоду)、〈乾旱將被消滅〉(засуха будет уничтожена)等文章。

高爾基在費奧多洛夫生前就聽說過他的「共同事業」思想，且曾在圖書館見過他。高爾基對死亡問題的關注和論述也不乏與費奧多洛夫思想相呼應之處。在他的短篇小說系列《俄羅斯遊記》(*По руси*, 1912–1917。作家力圖以這些小說來「勾畫……俄羅斯心理的某些屬性和俄羅斯人民的最典型心態」❶）中有兩篇作品〈墓地〉(Кладбище)和〈安息者〉(Покойник)，就表達了這一思想。在〈墓地〉中，作者在墓地遇到一個已不年輕的退伍中尉薩瓦・霍爾瓦特(Совва Хорват)，此人這樣表達了他對死去的人及其最後安息之地的看法：「我看，墓地所象徵的不應是死亡的力量，而應是生命的勝利，是理性與勞動的勝利」。這彷彿是費奧多洛夫的原話：「如果宗教是對死者的崇拜，那麼這並不意味著對死的崇敬，相反，這意味著生者在認識導致飢餓、災難和死亡的盲目力量的勞動中的團結一致」❶。

這位霍爾瓦特還彷彿遵照費奧多洛夫的道德律令說：「我應當知曉，這些人為什麼獻出自己的生命，我靠他們的勞動和智慧活著，我活在他們的屍骨之上」。

富有詩意的〈安息者〉主人公在死者的床邊這樣表達自己的思

---

❶　Горький М.: *Материалы и исследования*, Т. Ⅲ, М. –Л., 1941, с. 152.

❶　同❻, с. 103.

考：「我帶著敬意和柔情思考著關於地球上的所有人們：大家都負有這樣的使命——以自己身上的神秘力量戰勝死亡……」。

　　二〇年代後半期，當高爾基創作史詩性的巨著《克里姆・薩姆金的一生》(*Жизнь Клима Самгина*)時，對費奧多洛夫思想的興趣不減當年。此間他與費奧多洛夫的後繼者多有接觸，並同哲學家、經濟學家賽特尼茨基(Н. А. Сетницкий)有書信往來❷。在這部未完成的小說中，談到婦女在當今社會中的作用時，作者幾次援引了費奧多洛夫〈1889年博覽會〉(Выставка 1889 Года)一文中「關於並不沉重但卻致命的婦女統治」的話。費奧多洛夫在該文中表達了「現代社會工業發展的動因是滿足女性裝飾的需要」的思想。高爾基在〈論婦女〉(О женщине, 1930) 一文中再次引用了費奧多洛夫的下述文字：「我們1882年的地方的、全俄的手工藝品展覽也曾很接近真理，它幾乎揭露出了1889年世界博覽會所表現的那個社會究竟在為誰服務。我們的展覽會之所以揭露了這一點，是因為它的入口處就擺放著一位身著特殊服裝的婦女塑像，這套服裝是全俄的工業所提供的，由所展出的最好原料製成的。塑像的婦女對鏡自照，彷彿意識到自己在世界（當然只是歐洲世界）上的核心地位，意識到自己是文明與文化的終極原因……」❹。

　　費奧多洛夫的這些思想成為小說《克里姆・薩姆金的一生》的主題之一。女人點燃性欲，大眾藝術圍繞她打轉，服裝和飾品工業為她生產。小說中的小歌劇演員、「可愛的」娼婦阿莉娜(Алина)就是這樣一個女妖、「性選擇」社會中的偶像。在小說的最後部分，

---

❷　См. подробнее: Сухих С. И.:"М. Горький и Н. Федоров." — *Русская литература*, 1980, no. 1.

❹　同❻, с. 443.

薩姆金來到巴黎。這裡的輕便馬車隊、時裝婦女、商店櫥窗、街頭生活——一切都顯示出這裡是女人的王國。他想:「是的,這裡女人的統治表現得更確定不移、明目張膽。文學和工業都證明了這一點」。

※　　　　※

費奧多洛夫學說在二十世紀不僅在俄羅斯及前蘇聯有一定反響,而且在國外也有研究。在英國、法國、美國、波蘭、捷克斯洛伐克、德國和日本都有他的原著或研究專著出版。如:

《共同事業的哲學》英文版: Fiodorov N. F.: *Filosofia obshchego dela*. 2 Vls. Reprint, England, 1970.

Grünward J. 〈費奧多洛夫與共同事業的哲學〉 ("Fedorov et la Philosophie de l'Œuvre Commune. "In: *Contract. Revue Française de l'Orthodoxie*, vol. 20. No. 61, P. 1968.)

Lukashevich S.:《尼·費·費奧多洛夫: 俄國烏托邦思想研究》 (*N. F. Fedorov (1828–1903). A Study in Russian Utopian Thought*. Newark the University of Delaware Press, London, Associated University Press, 1977.)

Koehrer L.:《費奧多洛夫: 行為哲學》(*Fedorov N. F.: The Philosophy of Action*. Institute for the Human Action. Pittsburg, 1979.)

Voung G. M.:《尼古拉·費·費奧多洛夫介紹》(*Nikolai F. Fedorov. An Introduction*. Belmont, Mass., 1979.)

Teskey A.:《普拉東諾夫與費奧多洛夫》(*Platonov and Fyodorov*. Amersham, England, 1982.)

費奧多洛夫年表

1829年6月12日

　　出生於俄羅斯南部坦波夫省薩索沃莊園，貴族之家。私生子，
不享有公爵特權。

1836年7月—1842年7月

　　在沙茨克縣立小學讀書。

1842年—1849年

　　在坦波夫中學讀書。

1849年8月

　　入敖德薩市里舍利厄高等法政學校財經部。

1851年

　　因家境貧困而中途退學。

1851年秋

　　因失親失學，觸發許多思考，產生了關於「親」、「死」和「復
活」思想之萌芽。

1851年—1854年初

　　生活經歷不詳。

1854年2月23日—1858年2月

　　擔任坦波夫省利彼茨克縣立中學歷史和地理教師。

1858年—1864年

擔任莫斯科省波果羅茨克縣立中學歷史和地理教師。

1864年3月

結識他的終生朋友和學生、他的傳記作者和著作編輯出版者之一尼・巴・彼得松。

1864年夏—1867年春

先後在幾所中學教歷史和地理。

1867年4月末

與彼得松一起來到莫斯科。生活不穩定。

1869年5月

任莫斯科切爾科夫圖書館助理館員。

1874年11月

因切爾科夫圖書館併入魯緬采夫博物館而成為該館閱覽室值班員。成為圖書管理員，直至退休。

1898年9月15日

從魯緬采夫博物館退休。

1903年12月25日

在莫斯科病逝。

1906年

費奧多洛夫著作《共同事業的哲學》第一卷由科熱夫尼科夫和彼得松整理出版。

1913年

《共同事業的哲學》第二卷出版。

參考書目

一、費奧多洛夫原著

Философия общего дела, T. Ⅰ, Верный, 1906.; T. Ⅱ, M., 1913.

Сочинения, M., 1982.

"Из материалов к третьему тему 'Философии общего дела'." —*Вопросы философии*, 1993, No. 1.

二、研究專著及論文

Семенова Светлана: *Николай Федоров: творчество жизни*, M., 1990.

Пазилова В. П.: *Критический анализ религиознофилософского учения Н. Федорова*, M., 1985.

Бердяев Н. А.: "Религия воскрешния: 'Философия общего дела' Н. Ф. Федорова" — в кн. его же. *Н. А. Бердяев о русской философии*, ч. 2, Свердловск, 1991.

Коган Л. А.: "Философия Н. Ф. Федорова" —*Вопросы философии*, 1990, No. 11.

索　引

俄文人名索引

西文人名索引

專用術語索引

二　劃

七　劃

八　劃

九　劃

十二劃

十三劃

世界哲學家叢書（一）

書　　　　　名	作　　　者	出　版　狀　況
孔　　　　　子	韋　政　通	已　　出　　版
孟　　　　　子	黃　俊　傑	已　　出　　版
老　　　　　子	劉　笑　敢	已　　出　　版
莊　　　　　子	吳　光　明	已　　出　　版
墨　　　　　子	王　讚　源	已　　出　　版
淮　　南　　子	李　　　增	已　　出　　版
董　　仲　　舒	韋　政　通	已　　出　　版
揚　　　　　雄	陳　福　濱	已　　出　　版
王　　　　　充	林　麗　雪	已　　出　　版
王　　　　　弼	林　麗　真	已　　出　　版
阮　　　　　籍	辛　　　旗	已　　出　　版
劉　　　　　勰	劉　綱　紀	已　　出　　版
周　　敦　　頤	陳　郁　夫	已　　出　　版
張　　　　　載	黃　秀　璣	已　　出　　版
李　　　　　覯	謝　善　元	已　　出　　版
楊　　　　　簡	鄭　曉　江貴 李　承	已　　出　　版
王　　安　　石	王　明　蓀	已　　出　　版
程顥、程頤	李　日　章	已　　出　　版
胡　　　　　宏	王　立　新	已　　出　　版
朱　　　　　熹	陳　榮　捷	已　　出　　版
陸　　象　　山	曾　春　海	已　　出　　版
王　　廷　　相	葛　榮　晉	已　　出　　版
王　　陽　　明	秦　家　懿	已　　出　　版
方　　以　　智	劉　君　燦	已　　出　　版
朱　　舜　　水	李　甦　平	已　　出　　版

世界哲學家叢書 (二)

書　　　　　名	作　　者	出　版　狀　況
戴　　　　　震	張　立　文	已　　出　　版
竺　　道　　生	陳　沛　然	已　　出　　版
慧　　　　　遠	區　結　成	已　　出　　版
僧　　　　　肇	李　潤　生	已　　出　　版
吉　　　　　藏	楊　惠　南	已　　出　　版
法　　　　　藏	方　立　天	已　　出　　版
惠　　　　　能	楊　惠　南	已　　出　　版
宗　　　　　密	冉　雲　華	已　　出　　版
湛　　　　　然	賴　永　海	已　　出　　版
知　　　　　禮	釋　慧　岳	已　　出　　版
嚴　　　　　復	王　中　江	已　　出　　版
康　　有　　為	汪　榮　祖	排　　印　　中
章　　太　　炎	姜　義　華	已　　出　　版
熊　　十　　力	景　海　峰	已　　出　　版
梁　　漱　　溟	王　宗　昱	已　　出　　版
殷　　海　　光	章　　　清	已　　出　　版
金　　岳　　霖	胡　　　軍	已　　出　　版
張　　東　　蓀	張　耀　南	排　　印　　中
馮　　友　　蘭	殷　　　鼎	已　　出　　版
湯　　用　　彤	孫　尚　揚	已　　出　　版
賀　　　　　麟	張　學　智	已　　出　　版
商　　羯　　羅	江　亦　麗	已　　出　　版
辨　　　　　喜	馬　小　鶴	已　　出　　版
泰　　戈　　爾	宮　　　靜	已　　出　　版
奧羅賓多·高士	朱　明　忠	已　　出　　版

世界哲學家叢書 (三)

書　　　　　　名	作　　　者	出　版　狀　況
甘　　　　　地	馬　小　鶴	已　　出　　版
拉達克里希南	宮　　靜	已　　出　　版
李　栗　谷	宋　錫　球	已　　出　　版
道　　　元	傅　偉　勳	已　　出　　版
山　鹿　素　行	劉　梅　琴	已　　出　　版
山　崎　闇　齋	岡田武彥	已　　出　　版
三　宅　尚　齋	海老田輝巳	已　　出　　版
貝　原　益　軒	岡田武彥	已　　出　　版
石　田　梅　岩	李　甦　平	已　　出　　版
楠　本　端　山	岡田武彥	已　　出　　版
吉　田　松　陰	山口宗之	已　　出　　版
柏　　拉　　圖	傅　佩　榮	排　　印　　中
亞里斯多德	曾　仰　如	已　　出　　版
伊　壁　鳩　魯	楊　　適	已　　出　　版
柏　　羅　　丁	趙　敦　華	已　　出　　版
伊本・赫勒敦	馬　小　鶴	已　　出　　版
尼古拉・庫薩	李　秋　零	已　　出　　版
笛　　卡　　兒	孫　振　青	已　　出　　版
斯　賓　諾　莎	洪　漢　鼎	已　　出　　版
萊　布　尼　茨	陳　修　齋	已　　出　　版
托馬斯・霍布斯	余　麗　嫦	已　　出　　版
洛　　　克	謝　啓　武	已　　出　　版
巴　克　萊	蔡　信　安	已　　出　　版
休　　　謨	李　瑞　全	已　　出　　版
托馬斯・銳德	倪　培　民	已　　出　　版

世界哲學家叢書（四）

書　　　　　名	作　　者	出　版　狀　況
伏　爾　泰	李　鳳　鳴	已　出　版
孟　德　斯　鳩	侯　鴻　勳	已　出　版
費　希　特	洪　漢　鼎	已　出　版
謝　　　林	鄧　安　慶	已　出　版
叔　本　華	鄧　安　慶	已　出　版
祁　克　果	陳　俊　輝	已　出　版
彭　加　勒	李　醒　民	已　出　版
馬　　　赫	李　醒　民	已　出　版
迪　　　昂	李　醒　民	已　出　版
恩　格　斯	李　步　樓	已　出　版
馬　克　思	洪　鐮　德	已　出　版
約　翰　彌　爾	張　明　貴	已　出　版
狄　爾　泰	張　旺　山	已　出　版
弗　洛　伊　德	陳　小　文	已　出　版
史　賓　格　勒	商　戈　令	已　出　版
雅　斯　培	黃　　藿	已　出　版
胡　塞　爾	蔡　美　麗	已　出　版
馬克斯・謝勒	江　日　新	已　出　版
海　德　格	項　退　結	已　出　版
高　達　美	嚴　　平	已　出　版
哈　伯　馬　斯	李　英　明	已　出　版
榮　　　格	劉　耀　中	已　出　版
皮　亞　傑	杜　麗　燕	已　出　版
索　洛　維　約　夫	徐　鳳　林	已　出　版
費　奧　多　洛　夫	徐　鳳　林	已　出　版

世界哲學家叢書（五）

書　　　　　名	作　　者	出　版　狀　況
馬　賽　爾	陸　達　誠	已　　出　　版
布　拉　德　雷	張　家　龍	已　　出　　版
懷　特　海	陳　奎　德	已　　出　　版
愛　因　斯　坦	李　醒　民	已　　出　　版
玻　　　爾	戈　　革	已　　出　　版
弗　雷　格	王　　路	已　　出　　版
石　里　克	韓　林　合	已　　出　　版
維　根　斯　坦	范　光　棣	已　　出　　版
艾　耶　爾	張　家　龍	已　　出　　版
奧　斯　丁	劉　福　增	已　　出　　版
馮　‧　賴　特	陳　　波	已　　出　　版
魯　一　士	黃　秀　璣	已　　出　　版
詹　姆　士	朱　建　民	排　　印　　中
蒯　　因	陳　　波	已　　出　　版
庫　　恩	吳　以　義	已　　出　　版
史　蒂　文　森	孫　偉　平	已　　出　　版
洛　爾　斯	石　元　康	已　　出　　版
喬　姆　斯　基	韓　林　合	已　　出　　版
馬　克　弗　森	許　國　賢	已　　出　　版
尼　布　爾	卓　新　平	已　　出　　版